聪明人是
如何管理时间的

邓琼芳◎编著

云南出版集团
云南美术出版社

图书在版编目（CIP）数据

聪明人是如何管理时间的 / 邓琼芳编著 . -- 昆明：
云南美术出版社，2020.12
ISBN 978-7-5489-4330-3

Ⅰ.①聪… Ⅱ.①邓… Ⅲ.①时间—管理—通俗读物
Ⅳ.① C935-49

中国版本图书馆 CIP 数据核字 (2021) 第 008661 号

出 版 人：李 维   刘大伟
责任编辑：钱 怡
责任校对：汤 彦   李 艳

聪明人是如何管理时间的

邓琼芳 编著

出版发行：云南出版集团
　　　　　云南美术出版社
社　　址：昆明市环城西路 609 号（电话：0871-64193399）
印　　刷：永清县晔盛亚胶印有限公司
开　　本：880mm×1230mm　1/32
印　　张：7
版　　次：2020 年 12 月第 1 版
印　　次：2021 年 3 月第 1 次印刷
书　　号：ISBN 978-7-5489-4330-3
定　　价：38.00 元

前　言

生活中，很多人都会有这样的疑问：

为什么我早上起床永远匆匆忙忙？

为什么我计划的工作从来无法按时完成？

为什么我每天下班前总结一天的工作内容时，总怀疑自己是不是在某些时间段"失忆"了？

为什么我明明有着大把的业余时间，而给自己列的书单却永远看不完？

为什么到了心心念念的周末，计划好了一大堆事情，去做时却觉得无从下手，到最后弄得一团糟？

……

当我们时常面对上面这些问题的时候，不妨认真审视一下自己：我是否具有时间观念？是否懂得合理地管理自己的时间？很显然，很多问题都是因为我们没有建立起正确的时间管理观念而导致的。也正是这个原因，导致很多人在生活和工作中拖延磨蹭，做事没有条理性和计划性，更无法专注地把一件事情做完做好。

著名管理大师彼得·德鲁克说："不能管理时间，便什么也不能管理。时间是世界上最短缺的资源，除非严加管理，否则就会一事无成。"其实，不会管理和利用时间的人比比皆是，可是大部分的人只是抱怨时间不够用，或是感慨"时间去哪儿了"，却没有认真反思自己在时间管理方面的不足。

对于每个人来说，时间都是公平的，谁也不会多一秒，谁也不会少一秒。如果一个人懂得珍惜时间，善于管理自己的时间，那么每天就会过得很充实、快乐；反之，如果不懂得珍惜时间，找不到管理和利用时间的方法，那么就会让时间白白地流走，最后肯定也是一无所成。

正因为如此，我们一定要树立起时间观念，做一个"聪明"的时间管理者。我们不仅要知道时间对我们而言意味着什么，并且要全面去掌控自己的时间，合理地利用自己的时间，找到高效利用时间的正确方法。

这本《聪明人是如何管理时间的》从培养时间观念、纠正不良习惯、营造时间氛围、制定时间计划、约束时间管理、培养专注力、最大化时间效率，以及如何最大限度地拓展时间这八个方面进行了阐述，目的就是为了帮助大家建立起正确的时间观念，教会大家如何灵活自如地运用和管理时间。

具体来说，如何去制定时间计划、最大限度地利用每一分钟？如何利用有限的时间去做最有价值的事情？如何让自己的生活和工作更加充实？如何让自己的行动更加精准高效？……所有这些问题，相信我们都能够在本书中找到属于自己的答案。

其实，学会管理和利用自己的时间，并不是非常困难的事情。我们不要总是感慨"时间都去哪了"，也不要总是抱怨无法掌控自己的时间和生命，只要我们能够从日常细节开始入手，树立时间观念，循序渐进地掌握时间管理的正确方法，就一定能够远离拖延、磨蹭、注意力不集中、懒惰等坏习惯。一旦我们掌握了时间管理的正确方法，养成了高效利用时间的好习惯，自然就会成为时间的主人，可以轻松有效地掌握自己的未来和人生。

目　录

第三章
没有正确导航，所有努力都是瞎忙一场

第四章
做事先做计划，否则一团乱麻

第五章
如果什么都想顾全，那只会丢了时间

第六章
当专注成为习惯，既高效又省时

第七章
找出隐藏的时间，将一天优化成两天

第八章
开上时间快车，终于不用再加班了！

第一章
时间的宿敌
——不把拖延戒掉，就把自己毁掉

　　在这个节奏越来越快的时代，却有越来越多的人给自己打上了"重度时间拖延症患者"的标签，他们看似匆匆忙忙，实则事事拖延，虽然拖延并非他们的本意，但却深陷拖延漩涡无法自拔。

　　是懒惰？是颓废？是迷茫？还是犹豫不决？似乎都是，又似乎都不是，那么，究竟是谁在偷偷挪用我们的时间？

是谁，偷走了我们的时间

清晨6点钟，手机的闹钟准时响起优美的旋律，被窝里的你又开始了一如既往的挣扎：前一天明明已经制定好了学习计划，时间甚至精确到了分钟，闹钟就是吹响的冲锋号，是时候行动起来了！——"再躺一会儿，就躺一小会儿。"脑海中又响起了那个熟悉的声音……结果，在这来来回回的犹豫和磨蹭中，时间一点点地溜走了。相信每天都在经历这种情景的人绝对不少。

随着年龄的增长，我们渐渐会有这样的感觉：时间的脚步似乎随着年龄的增长在不断加快，在我们不知不觉中，一天又一天转瞬而逝，太多的人重复着相同的生活，却没有丝毫改变。

时间究竟去哪里了呢？我们不妨细细回想一下：你现在匆忙完成的事情是什么时候开始安排的，是今天还是几天前，甚至是一个星期之前？你手中有没有早就积压了很久的事情？如果这些答案是肯定的，那么你就可以放心了，并没有人"偷走"你的时间，时间并不是凭空消失了，你的忙碌只是因为你在不知不觉的拖延中浪费掉了大部分时间。

山姆一辈子一事无成，懒惰无比，又热衷于推脱责任。

在他60岁的这天夜里，一觉醒来，他忽然看到了天使，天使告诉他，在人间的时间已经没有了，他要迎接自己的死亡，到另一个世界去。

"能不能再给我一天的时间！我还有很多未完的梦想，还有许多想要见到的人！"山姆苦苦哀求道。

天使冷冷地回答道："对不起，我不能答应你，因为这一切都给你留了足够的时间让你去做，只是现在你才想到了珍惜。我这有你的人生备忘录，你可以自己来看看：在你60年的时间里，三分之一的时间在睡懒觉；剩下的30多年，除去儿时的懵懂时期，你每天无所事事，不停地抱怨时间过得太慢，达10000次之多；上学时，你拖延作业，出去逃学；成人后，你工作上因为拖延耽误了大好前程，你的业余时间都用来打牌、下棋、看电视、上网、玩游戏和煲电话粥，虚度光阴。"

听到天使这样说，山姆满头冷汗涔涔而下。

而天使并没有因此停下，接着说道："根据记录，你这一生因拖延而浪费的时间大约有38000小时，约合1600天；因为没有明确的人生目标和行动目标，你常常发呆、埋怨、责怪别人、找借口、推卸责任；你工作时热衷于开小差和偷懒，经常在上班时间睡觉，因此你的睡眠时间远超过其他人，足足超过了20多年。除此之外，你那些纯粹打发无聊的应酬时间，还都没有算在里面。这一辈子你因为拖延而浪费的时间实在是太多太多了，你已经没有哪怕一秒时间可以透支，请跟我走吧……"

这真的是一个很可怕的账单，因为我们很多人就是这样拖延和浪费时间的。我们不妨自我反省一下，自己是不是那个站在天使面前满头冷汗的山姆呢？

想想看，在放假的时候，是否临近开学的时候才开始没日没夜地写作业，直到开学前一天晚上才在焦躁之中熬夜补完？工作中是否在上司催要结果前几分钟才开始匆忙整理文案？在做某一个项目的时候，是否总是到最后一刻才去修改？每天早上起床的时候是否在床上无休止的挣扎，直到快迟到的时候才下定决心起床？

如果你长期有这种困惑的话，那么拖延无异于已经成了你的一种习惯。试着打开回忆的大门，仔细检查一下自己，是时间在我们忙碌中"溜"走了，还是说我们白白让时间流逝了……

事实上，很多人意识到自己患有"拖延症"，只是不知道应该如何去改正，一边有着改变的强烈愿望，一边又觉得现在眼前的事情太多，没有时间去想一个改变的办法，从而拖延症越来越严重。

这样的事情或许实在太多，多得你甚至想不起来有什么。可事实上，你安排给每件事情的时间总是非常充足的，只是你总是习惯性地拖延，最终拖来拖去拖成了"愁"。你羡慕身边那些过得悠闲的人，可事实上，你完全也有机会过那样的生活，只是大多宽裕的时间都被你毫无计划地挥霍了，所以最终你生活中总有"急事"，才会觉得时间不够用。在完成之后又会后悔，想着"如果时间足够，那么我会做得更好……"

我们总是觉得时间不够用，要做的事情太多，但是看看我们周围，似乎有些人有着让时间"慢镜头"的超能力，我们匆匆忙忙，而对方却看起来很悠闲，但是结果对方的工作却和我们同一时间完成了，这不是超能力又是什么？

并不是别人拥有了拉长时间的"超能力"，而是你陷入了"帕金森时间效应"的怪圈。所谓的这种效应，是一种关于时间与计划的神奇现象。简单来说，如果你有一项需要10分钟去完成的工作，而你出于某种心理安排了10小时完成的计划，那么最终的结果就是你会花费10个小时去完成，即便它仅仅需要10分钟。

这或许听起来有点夸张，但是大部分人都会有这样的心理，所以说，关键在于你给你的工作安排了多少时间。因为潜意识中，人们总会根据时间来调整自己的速度，所以，当时间充足的时候，人们往往不急于去做，而是想着"时间还早，还是先休息一下好了。"于是在休息和放任中，时间又飞快地溜走了，到最终，我们又重复之前忙碌的事情，形成了一种恶性循环。

现在明白了吧？时间并没有凭空消失，而是我们在拖延当中把时间白白浪费掉了。工作如此，生活也不例外。有些时候，我们总觉得自己的计划是非常完美的，但是到了最后，却总有很多其他的事情找上门，这就打乱了我们原本的计划。最终焦头烂额的我们只得抱怨"时间不知不觉中就溜走了。"

拖延症其实才是不折不扣的"时间大盗"，我们在懈怠的情况下时间已经被"帕金森时间效应"偷走了。所以既然我们已经找到了时间丢失的原因，那么接下来我们就应该真正地直面这个问题，避免被"帕金森时间效应"所控制。

当我们接到某项任务的同时，也会有一定的时间限制，不管跟随任务而来的时间是紧急还是轻松，我们都不应该把自己全权交给这项时间限制，而是要立刻行动起来，并且根据自己的效率来制定自己认为合理的时间，按照自己制定的时间去完成这项工作。

生活中，那些成功人士都有一个共同的特点——从不拖延，言出即行。这种能力完全决定了一个人的成败。很多时候，不要等到条件都完美了才开始行动，那很可能永远都不会开始，这也是绝大多数只知道空想的人逃避行动的借口，因此，如果我们心中有了想法，最好赶快开始行动，养成立即行动的习惯，这对于我们实现梦想而言，无疑是非常必要的。

拖延不仅是真正的时间大盗，还是我们成功道路上最大的敌人，如果你无法战胜拖延，那么它就会变本加厉，让你的时间永远走得飞快，让你永远在痛苦和忙碌中挣扎，让你错失无数个机会……如果你在生活和工作中常常时间不够用，那么你就该自我警醒起来：时间是不是被你的拖延症偷走了？

为什么生活如此颓废——因为"懒"

在大部分"拖延症患者"看来，虽然拖延会给我们的生活带来一些影响，但并不会导致产生巨大的问题。可事实上并非如此，拖延就像是一种慢性病，或许一时来看没有什么问题，或者说产生的问题我们也能够解决，但是日积月累，拖延对于我们的人生所带来的伤害是巨大而深远的，所导致的问题也远远超出了我们的想象。

生活中，有不少人常常戏称拖延症是"懒病"，认为拖延仅仅是个人习惯的问题，但事实上，拖延和懒惰一样，都会在不知不觉中吞噬我们的斗志和激情，让一个人渐渐变得颓废和沉沦。事实上，大部人患有"拖延症"的人已经习惯了拖延的生活，连改变这种迫在眉睫的事情也会往后拖。

其实每个人都有梦想，但是有的人把它变成了事实，有的人的梦想却永远都是梦，这是什么原因呢？梦想是需要通过拼搏和努力来实现的，如果任由拖延症一天天腐蚀自己，贪恋于眼前的安逸，那么人生也只能在碌碌无为中度过，而且会陷入懒惰和拖延所导致的一系列"并发症"。

小吴大学毕业，和几个同学在上海一家企业生产车间里实习，而他的同学小李，运气就好得多，他找到了一份外企坐办公室的设计工作，朝九晚五不加班，旱涝保收有双休，在大家看来，小李上班真是悠闲到不可思议：每天早上，公司交通车在他租住的小区门口准时接他，上车就算打卡，即便是加上堵车，将近九点左右到公司也不用担心迟到扣全勤奖。

因此，小吴和其他同学忙于工作和各种考证时，小李却渐渐放纵起自己的懒惰来——既然工作如此轻松，那些五花八门的证书就不必急着考了。于是乎，小李每天早上优哉游哉到公司食堂喝碗免费的南瓜粥，然后打一杯开水，回到办公座位上打开电脑，九点半左右开始工作。干两个小时活，中午十一点半就可以去食堂吃午饭了，到了下午可以一边设计，一边玩手机。玩到5点下班，回到宿舍叫个外卖一边吃一边打游戏，过得滋润极了。

可好景不长，他所在的公司因为行业竞争被一家智能机器人公司收购了，他们对人力的需求并没有像以前传统行业那么大，新公司的管理和技术标准都更高更严格，许多技术含量不高的岗位都直接精简了。于是，小李失业了，工作之后从来也没有给自己"充电"过，手里也没有过硬的证书，小李很难再找到合适的工作，晃荡了小半年后，无奈离开了上海。走的时候，小李抱怨说："活着真是太累了。"

就像之前所说的那样，拖延症是一种慢性病，并不会在一瞬间暴露出所有的危险，但是通过拖延症所产生的一系列并发症，我们还是可以认识到问题的。就像到最后还在抱怨外在原因的小李，始终没有弄明白自己"越混越差"的本质原因，并不是城市和生活抛弃了他，而是他自己因为懒惰而日渐颓废，跟不上别人的步伐，跟不上时代和社会发展的节奏了。

当然，懒惰和拖延所带来的"并发症"，并不仅仅是让一个人变得颓废，而且还会引起一系列的负面情绪，让一个人整体的气质都向着负面方向沉沦下去。

其中很明显的一个症状就是陷入焦躁。比如总是感觉有巨大的压力。就算没有什么急事，也总是会有心慌的感觉。而事情迫在眉睫的时候，可能会着急到出虚汗，但是行动往往跟不上心中的急迫，这就是一种焦躁的表现。

焦躁会引发一系列的不良情绪，让我们难以安然享受生活，而且众所周知，不良情绪是健康的一大杀手，比起身体上的病症，心理上的病症更加难以治愈。更可怕的是，焦躁并非是不良情绪的终点。如果一直放任这种状态，那么时间久了，很可能恶化成抑郁症。这不是危言耸听，抑郁症会给我们的生活和身体造成极大的危害。即便生活中有好事发生，我们也难以感到快乐，总是沉浸在悲伤和绝望当中。对自己失望、对未来失望，进而否定自己、否定未来，严重的时候甚至会产生轻生的念头……

除此之外，懒惰和拖延还会让一个人变得怨天尤人，无论出现什么问题，都会觉得是别人的原因和过错，从来都不会主动在自己身上找原因。

在生活中，我们经常会听到身边有朋友抱怨自己有着学历和经验，却怎么找也找不到适合自己的工作；更有人因此而消沉，把"没有适合我的工作——工资太低"或"工作不怎么适合我，生不逢时啊！"当成自己的挡箭牌，不求上进。除此之外，还有人在单位工作了一段时间后，自动辞去工作的，问其原因，居然是因为看不惯某位领导或同事的某些做法，或者是工资待遇不高等。在他们心中，看这不顺心，看那不顺眼，一味地怨天尤人，却又振振有词、理由十足。

这种现象其实很普遍，甚至在我们逛街的时候，我们都能听到商贩们的抱怨，要么说不赚钱，要么说东西卖不出去，还要么说进价太贵，总之就是嫌赚的钱太少。可是，他们却从来不反思是不是自己不够努力、不够勤奋。

我们每个人都有自己的工作，当你看着别人兢兢业业工作，自己忍不住偷懒的时候，心里作何感受？当别人完成工作，享受生活，而你不得不加班赶工的时候，你觉得是否公平？当你因为拖延而没有很好地完成工作，面临领导批评的时候，你心里又会怎么想？你觉得每天钩心斗角，身心俱疲，这些都不是偶然，是拖延症在伤害你。

此外，拖延症造成的问题也会反应在身体上。因为懒惰和拖延，所带来的负面情绪，导致我们长期处于一个紧绷的状态，睡眠质量不好，失眠多梦，白天的时候身体乏力，没有食欲，时常感到疲惫不堪……而这一切的起点，仅仅是因为懒惰和拖延的不良习惯。

诚然，习惯是不容易改正，但并非不能改正。与拖延症带来的危害相比，改正拖延反而更加容易一些。我们要想摆脱颓废的生活，摆脱负面情绪缠身的现状，就一定要从根源入手，告别懒惰，告别拖延，只有做到了这一点，你才能告别与懒惰和拖延相关的种种伤害。

这些年，你就慢在了借口上

生活和工作当中，当你因为犯了错误而受到批评时，有没有给自己找过借口呢？

"因为路上堵车，所以我迟到了！"

"因为他的统计数据给我传晚了，所以我才没有按时完成报表！"

"因为客户对方案有奇怪的要求，所以这个方案始终没能通过……"

这一个个的理由你熟悉吗？是不是你都曾经用到过呢？很多人在经历失败，或是遭遇批评和质疑的时候，总是会找各种借口告诉别人，他们害怕承担错误，担心被人嘲笑，或是想得到暂时的解脱。

要知道人生在世，不可能总是一帆风顺的，总会遇到一些这样那样的失误，如果这时，你把时间浪费在无用的理由和借口上，那么你怎么还会有时间去找到正确的路？常言道"胜败乃兵家常事"哪怕你失误了，也没有必要去找借口，因为你的行动会帮你证明一切。

丽丽是某杂志社新来的实习生，平时谦虚好学，热情开朗，很受同事们的喜欢。一天，她看到编辑主任正在看一本专业书籍，便笑着说："主任，您每天这么忙，还抓紧时间看书啊！真是太值得我们学习了！"

编辑主任笑了笑，说："不管什么时候，提升自己、努力学习都是必需的。不是有一句话'活到老、学到老'嘛！"

丽丽拼命地点头，说："没错没错。我也想看一些专业书籍，提高自己的写作水平和文学素养，然后成为一名出色的编辑。我的梦想就是成为一位出色的编辑。"

编辑主任向来喜欢有上进心、有理想和抱负的新人，看到丽丽如此说，感到非常高兴。然后对她说："我办公室和家里都有一些专业书籍，我已经看过了，可以借给你看看。而且我这里还有一些不错的杂志、文章，对于提高你的水平很有帮助，你有时间可以来办公室找我？"

丽丽痛快地答应了，并且对编辑主任连连道谢。可是，编辑主任在办公室等了丽丽好几天，都没有见到她的人，渐渐地就忘了这件事情。直到有一天，丽丽在编辑部的群里说话，说自己知道自己水平还不足，还有很多地方值得提高，希望大家能多教教她一些写作计划与技巧。

编辑主任不禁好奇，忍不住问道："上次我说借给你书，让你到办公室来找我，你怎么没来呢？"

丽丽不好意思地说："我最近比较忙，怕没有时间看书，就没有打扰您。"

主任直接说："每个人每天有24个小时，哪怕一天抽出一个小时安静地读书，对于你也是很有帮助的。"

丽丽又说："下班后，我有时会去逛街，有时需要处理其他事情。而且上班这么累，就不愿意看书了。"

主任算是听出来了，丽丽虽然嘴上说想要提高自己，可内心中根本不愿意行动。于是，主任语重心长地说："其实，每个人的工作都很忙，空闲时间都不多。可时间要是挤的话，还是能挤出来的。你可以利用睡前的半个小时，或是午休的半个小时，多多学习、练习，更好地提升自己。要不然，你怎么能实现自己的理想呢？如何成为一位出色的编辑？"

丽丽还是继续说："我知道实现理想不是简单的事情，可是很多时候我就是看不进书……"

总之，编辑主任每说一句话，她都能找到理由和借口。最后，主任也就随着她去了。

结果可想而知？丽丽根本不可能成为出色的编辑。虽然她梦想着、希望着，还总是向其他人请教提高的方法和技巧，可是始终没有付出努力和时间，又怎么能真的实现梦想呢？

这个世界上，很多事情没有那么多理由的，很多事情应该当断则断，当你犹豫的时候，就会产生不去做的理由。其实明确什么事情该做什么事情不该做没有想的那么难。当一件事情摆在我们面前的时候，如果附和我们的理想目标，并且还是我们能力范围内能够完成的事情，那么你就没有理由再拖延下去。

也许你会说："我知道我在为自己找理由，可是当事情发生的时候，我很难不去这样做。"其实想要避免各种拖延的理由，就要学会果断地做出决定。宁愿为做过的事情后悔，也不要为没有做过的事情后悔。你可以找出无数个拖延的理由，与其相比，你只需要找出一个去做的理由，拖延症就不会再次成为你前进路上的阻碍。

看看身边那些成功人士，那些被世人熟知的伟人，他们之中或许有你的偶像，你或许也想成为那样的人，但是你只有想法，不付诸行动，最终的结果仍旧是一样的，你还是在浪费生命。仔细回顾一下自己的过去，你曾经找过哪些自己都觉得可笑的理由呢？事情太困难了，我时间不够，我临时有事，我做不到……这些理由或许你自己都无法相信，那么你觉得身边的人会相信吗？

拖延症看起来似乎很简单，但你真正告别拖延后，你会发现生活其实有非常美好的一面，每天都充满了希望。而这一切的开始，仅仅需要你找一个不再找借口的理由。

所以，不要下意识给自己找拖延的理由，更不要用借口去纵

容自己。想要成功，那么就应该对自己狠一点。如果你不想找理由，那么就捂住自己的耳朵吧，不去听心里的魔鬼在说什么，强迫自己去做，只有行动，才会发现其实事情并没有想象中那么困难、那么辛苦。说不定，你还会有意外收获。

"我们生活在行动中，而不是生活在岁月里。"要改变生活境遇，首先就要行动起来，这是最快最有效的方法。美国成功学家格兰特纳曾经说过："如果你有自己系鞋带的能力，你就有上天摘星的机会！"也就是说，如果我们有时间去找各种借口来报怨生活的话，还不如马上行动起来，人永远不要为自己的错误辩护，因为再美妙的借口也于事无补！

成功的人永远在寻找方法，失败的人永远在寻找借口！所以当你想要解释什么的时候，看看时针，它在不停地飞转，如果你的理由过多的话，生命的时间便会随之减少，成功的机会也会越来越少。当你珍惜每一秒，用行动来代替理由的时候，就离成功就不远了！

戒除拖延症，立即！必须！

在人生的道路上，我们应该深刻地明白这样一个道理，这个世界上永远有人比你更努力，当你磨蹭拖延的时候，有人却在拼命地日夜兼程。当你在那里站立不动的时候，有人永远试图用百米冲刺的速度超越你。倘若你不从现在开始管理好自己的时间，那么很可能会在不经意间，就输在了赛道的拐角处，再也没有任何回旋的余地。

所以说，是否能够管理好时间将决定一个人未来的成败，有很多人深陷拖延症的漩涡，却欲罢不能，想要远离它，却又不知从何下手。这样而言拖延就像是一种毒品，我们明知它在损耗我们的生命，却又戒不掉……

不过，拖延症也并非无药可治，首先，你必须有一个坚定的决心，很多时候，我们之所以无法摆脱"拖延症"，其实是因为骨子里的惰性。休息当然比努力要舒服得多，这是人尽皆知的，但有的人就能够战胜自己的惰性，采取主动，勇于接受挑战。

路易斯曾是世界著名企业惠普的财务总监，在这样一个国际大企业任高职，是一个雷厉风行的角色。但是在记者采访他的时候，他竟然说学生时期的他是一个不守时的人。

他回忆说小时候的他时常上课迟到，而且迟到似乎已经成了他的一种习惯。老师也曾多次指出，然而他就是改不了。不过，毕业之后职场改变了他。毕业后的路易斯进入了一家公司，开始了工作。不过，工作中的他如果迟到的话，老板是不会像老师那样拿他没有办法的。没过多久，路易斯就因为迟到被辞退了。这让路易斯意识到了问题的严重性，于是开始想办法改正。

路易斯的朋友建议他将手表调快10分钟，因为有了紧迫

感，路易斯就再也没有迟到过。

对于现在的人而言，迟到或许并不是什么不可原谅的大错，但是机会和老板可不会等你。不要为了贪恋10分钟的睡眠而放弃早餐和优雅的形象。别小看短短的10分钟，这10分钟就像是给你一个准备冲刺的时间。

所以，生活中我们不妨将手机、腕表、闹钟所有的时间都调快。当然，最重要的是你要真的相信这是真实的事件，否则你只是走了一个形式，仍旧想时间还早，这样可能会引起反效果。

路易斯用10分钟给了自己一个提前开始的机会，其实我们也完全可以这样做，只要将心里的表针拨快10分钟，那么我们就会在别人优哉游哉的时候出发，当这种行为成为一种习惯的时候，你就会成为像路易斯那样雷厉风行的人，再也不会担心迟到的问题了。

职场中的我们也是如此，如果能够在老板进入公司之前先到，那么就会给老板留下一个勤奋认真的好印象，而迟到，则会给人一种对生活不负责的感觉，试问这样的员工有几个老板愿意委以重任？不管是工作还是生活，不妨都刻意去提早几分钟，这个不起眼的细节，会让你的人生有很大的改变。

管理大师彼得·德鲁克在时间管理上曾经提出：想要高效的管理时间，首先要了解自己的时间是怎么花掉的，这对于我们来说是非常重要的一件事。因为对于那些浪费时间的小毛病，我们常常是很容易忽视的。

所以不妨准备一个精美的本子，将自己一个星期每天做的事情都记录下来，然后一个个的分类进行比较和统计，看看自己那些方面花费的时间比较多。一周结束以后，我们可以再统计分析一下这周你的时间如何可以更有效地安排，哪些活动占据的比例比较大，用什么方法可以有效地规避不必要的时间浪费。哪些方面可以有效地提高效率，怎样能够有效地规划自己的时间。

鲁迅先生曾经说："时间就像海绵里的水，只要愿意挤，总还是有的。"很多人总觉得自己手头的时间不够用，却从来没有意识到，其实生活中有很多碎片化的时间自己还没有利用上，倘若将这些碎片化的时间加起来，积少成多，就会是一笔丰厚的时间财富。

不管是等车的时候，还是排队的时候，不管是刷朋友圈的时候，还是发呆的时候，这些时间都可以通过有效的利用变得更有意义。所以请记住，无论自己忙还是不忙，只要你把那些可以利用的时间碎片提前做好规划，然后坚决的贯彻执行，就无形中比别人多拥有了更多的宝贵时间，在自己的生命银行中存入了一笔丰厚的财产。

时间对于每个人来说都是公平的，不管你贫穷还是富有，不管你是男人还是女人，不管你是聪明还是愚笨，你每一天的时间就仅仅只有这24小时，更何况我们还是一个不断在时间中寻得突破的年轻人。

人的生命只有一次，有人懂得珍惜生命，有人却用它混吃等死，从来没有意识到光阴的宝贵。他们对时间不计后果的挥霍，造成了同样的人在同样的时间范围里却过着截然不同的生活。当浪费的时间失去了，想要追回来根本不可能，但是倘若此时的自己深刻的意识到管理时间的重要性，不断地提升自己的做事效率，把握好人生中的每一分每一秒，那么我们眼前的世界就会因此变得不一样起来。而且我们也必须明白：想要告别拖延的"治疗方案"有很多，如果你有决心改变，那么你会在实践和探索当中找到越来越多的方法。

千万不要忽视"选择困难症"

生活中，我们身边有许多"重度选择困难症"的人，他们小到买牙膏，大到婚姻前途，一旦需要做决定时，都会陷入犹豫的"死循环"，迟迟拿不定主意……

对于选择，我们总会有这样的误解，认为追求百分之百的把握相当重要，这样可以避免错误行动。然而这往往是事与愿违，很多时候犹豫不决往往比错误的行动还要糟糕，搞得人筋疲力尽不说，一旦成为一种习惯，还会大大拖慢我们做事的效率，甚至让我们错失许多好机会。

著名心理学家威廉·詹姆斯说过："种下一个行动，收获一个行为；种下一个行为，收获一个习惯；种下一种习惯，收获一种性格；种下一种性格，你就会收获生个命运。"一个人的行为可以形成一种习惯，而习惯在潜移默化之中，往往就影响了一个人的命运。很多人觉得所谓的"选择困难症"只是小事一桩，无非是想要做出更好的抉择罢了，可是他们没有意识到：如果终日受困于这种选择困难，最显著的一个后果就是：你做决定的速度变慢了，你做事情的效率变低了，也就是说，相对那些能够快速决断的人而言，你浪费了更多的时间。

一个聪明人，会轻易浪费自己的时间吗？答案自然是否定的。要知道高效率意味着更大更多的成功，这样的好事应该谁都想摊上。但高效率不是人人都能做到的，你必须在性格上勇敢决断，做事不能拖泥带水。

陈浩是一个让上司一提起来就苦笑的客户经理。在公司里，大家都非常清楚陈浩的为人，他工作勤奋踏实，对待客户负责有耐心，在上司看来就是那种"你办事我放心"的手下。

可是为什么上司提到陈浩又要苦笑呢？因为陈浩有个毛病，就是优柔寡断，办什么事都犹豫不决，拿不定主意。和客户谈判时，本来进展很顺利，他却反反复复考虑："我的定价会不会低了？""我要不要再提高一下价格？但如果我提价的话，对方还愿不愿意和我合作？"……考虑来考虑去，一些客户不愿同他搞"拉锯战"，就拂袖而去了。

这也导致了陈浩在客户经理的位置上始终无法进一步提升自己，上司看在眼里、急在心里，有一次特意给了陈浩一

个出国留学的机会，结果这事儿可把陈浩愁坏了："留学对于个人成长是好事，但如果我到国外留学的话，近年升职的机会就不太可能轮到我了，怎么办？"……

陈浩每天想来想去，就是拿不定主意，见此情形，领导苦笑着将出国机会给了别人。

很显然，那些"选择困难症患者"们，他们的犹豫往往是为了做出更好的选择，而实际上呢，我们都会有这样的体会：那些做事时犹豫不决的人，通常很难做出让自己满意的决定，反而总是会做出让自己后悔的决定。在这个过程中他们身心疲乏、深受其害，应做而未做的事情会不断给他们压迫感，成了影响高效的最基本原因。

我们大概都听过"断尾求生"的故事：遭遇敌害的时候，壁虎通常会弄断自己的尾巴，让那条断尾继续跳动，分散敌人的注意力，以便让自己逃脱。如果它犹豫不决的话，那么最终的结果就不是少了条尾巴，很可能是送了命。况且，少了尾巴也没关系，不久之后它还会再长出来。

我们必须要意识到，犹豫不决只会让我们坐失良机，反观那些勇敢决断的人，即使会犯一些小错误，也不会给事业带来致命打击，而且总比那些胆小狐疑的人高效得多。用高效来弥补小错误，这才是真正的"聪明人"。

艾碧亚是一名旅行家，他有一次提到过自己最大的梦想就是周游世界。人们觉得他这个伟大梦想一定需要做许多准备，当问他什么时候开始准备，什么时候可以出发，他立即回答说："明天就出发。"

有一天，美国著名作家辛克列尔·利尤依斯应邀给一群文学系的学生讲课，题目是：怎样成为文学家。课堂上，有学生向他提问："请问我要从哪些方面去充实自己的知识，才可以像作家一样开始写作呢？"

辛克列尔·利尤依斯笑着说："我给你提个建议：现在就回去开始写作。"

科林·坎贝尔曾被任命为英国某军队的总指挥，当人们问他什么时候可以派部队出发时，他斩钉截铁地给出了回答："下一秒。"

听了这些人的回答，你有什么感受？是不是觉得精神抖擞，行动不自觉地变得积极起来？的确，什么事都敢做，什么事都能做，这种果断的性格、利索的行为，会无形中形成一种积极向上的氛围，这不仅会让你做事的效率得到极大提升，而且还可以让别人对你产生一种信任感，升职和加薪的机会自然就会多。

那么，如何才能够远离"选择困难症"呢？这正是我想告诉你的有效的方法。

1. 目标一定要明确。

我们常误认为"选择困难症"是因为客观上存在过多的选项，但事实上它们来自我们"内在"，来自我们自身的价值观。就像古人所说的"鱼，我所欲也。熊掌，亦我所欲也"，我们内心总是觉得"这个不错，那个也不赖"，这样一来，如果所面对的事物不是那么清晰化和理性化的话，你就很容易陷入选择困难的怪圈。

因此，在处理较为重要的事情之前，你最好要理清自己的思路，明确自己选择的目标，想清楚自己想要什么。

比如，你的上级想要你周末加班，而且补助也不错，但你原计划这个周末要陪家人一起过的。怎么办才好呢？这时你不妨问问自己更在乎什么，工作？还是家庭？如果你很清楚你最看重的是和家人共享美好时光，那么你就能很快地做出取舍了。

2. 胸有成竹靠的是内在积累。

常言道"有胆有识，有识有胆"，一个人做决断的能力与其所具有的知识经验、思维习惯有很大关系。一个人的知识经验越丰富，思维越灵敏，其主动思维就越占据主导地位，其做决断的能力就越高；反之则越低。这就需要你平时经常开动脑筋，勤学多思，做到遇事心中有数，你就能胸有成竹地做决定了。

3. 果断的前提是自信。

我们都会有这样的体会：当公司里有选拔机会时，你心里蠢蠢欲动，却又很怀疑自己能否做好，心中犹豫不定，该不该去竞争呢？正是在这样的犹豫中，机会悄悄落入了别人的手中……

　　要知道，一个人若是缺乏自信，总怀疑自己的能力，那么犹豫的情况就会时有发生。所以我们一定要注重培养自己的自信，相信自己的判断和选择。同时，要有积极的心理暗示，提醒自己要果断，做了就不后悔。若能忽视不必要的忧虑，不担心是否值得付诸实践，就很容易做出新选择。比如，这时候，你要学着相信自己的能力和潜力，并提醒自己就算竞争失败也不会怎样，只需保持最佳的心态面对就可，那么，你就不会再犹豫不决了，而且做决定时会更轻松和自信。

　　常言道"机不可失，时不再来"，很多事情的发展都取决于某个关键时刻，很多时候如何做事比做什么事更重要。我们不应让自己陷入"选择困难症"的泥淖无法自拔。通常来说，那些聪明人往往不会纠结于选择和决断，而是把更多的心思放在事情的发展上，拒绝犹豫，马不停蹄地去做，那么你的时间利用效率会大大提高，机会也将随之而来。

第二章
最怕你无所作为，
还抱怨兔走鹰飞

　　生活中，我们谁愿意成为一个碌碌无为的人，但对于我们每一个人而言，要想真正做到有所作为，就要下定决心去做一个"行动派"。

　　无论何时，我们都要记住：如果要做，就立刻行动，即便是失败，你也能够快人一步获取到宝贵的经验教训，因为机遇永远青睐的都是行动者。

聪明人从来不花时间去抱怨任何事情

　　小王有一次逛街的时候，不小心丢了一把雨伞，就因为这一件小事情，他一路上不停地责怪自己："我怎么如此的不小心，如果我多留点心的话，或许雨伞就不会丢了……"

　　回到家之后，小王才发现，由于一路上心思都放在那把丢了的雨伞上，自己的手机也弄丢了，而且完全不记得是落在店里还是出租车上了……

　　这个事例告诉我们，当不好的事情发生的时候时，把时间花在抱怨上是极其愚蠢的做法。因为当我们抱怨的时候，这些事情被不停地提及，在大脑中占据空间，这就增加了头脑的负担，造成了心理上的焦虑和紧张。一旦我们在心理上陷入混乱，我们就没有多余的精力应付现状，从而导致时间利用效率大打折扣。

　　诚诚然，每个人都希望自己的生活顺风顺水，一切事务打理得井然有序。但人生不如意之事十有八九，总是有这样那样的意外来打断我们的计划和安排。这时你会怎么做呢？不少人习惯了抱怨，心情不好就抱怨天气，交通堵塞就抱怨社会，上课迟到就抱怨闹钟，工作太累就抱怨老板……

然而事实是：抱怨往往于事无补，不但不能改变现状，反而会让我们犯更多的错误，浪费更多的时间。这和房间的整理是一样的道理，当房间里混乱无章的时候，如果我们只是站在原地不停抱怨的话，房间能变得整洁起来吗？不会！只有我们改变不整理的习惯，动手整理起来，才能使一切变得井然有序，不是吗？所以，如果你希望改变自己现在的处境，那就不要把时间浪费在毫无意义的抱怨上，而是要尽快去做出改变。

这天，小娜在聚会时对一个朋友说："业务不好也不怨我啊，我到公司都一年了，老板连工资都不给我涨。改天我要对他拍桌子，然后辞职不干。"

听了这话，这位朋友反问小娜："你把保险业务都弄清楚了吗？"

"没有"，小娜回答，"工资那么少，我为什么要做那么多？"

原来，小娜刚刚涉足保险业务，开展起来也很困难，第一个月她只拿到了最基本的底薪，之后也只是勉强糊口而已。为此小娜整天抱怨连连，对工作的热情几乎丧失殆尽。

这位朋友其实早就知道小娜的情况，他想要改变小娜的观点，又顾虑如果直接劝小娜可能并不会有效果，于是就对小娜说："要我说啊，你应该把业务完全搞通，然后再一走了之，这样才值！"

小娜知道这位朋友是个聪明人，于是听从了朋友的建议，一改往日的散漫作风，开始认真工作起来，她不仅学习保险业务，还研究如何推销保险的方法，怎么样做才能让人们愿意接受保险业务员等。考虑到人们拒绝保险是因为不了解保险，小娜决定在社区里举办一场"保险小常识"讲座，免费为居民们讲解保险方面的常识。结果，接下来的工作进行得顺利多了，小娜的业绩突飞猛进，薪水也跟着翻倍了。

小娜在工作上的态度以及收获为何发生了改变呢？是她所在的公司不一样了吗？是她的老板换了人了吗？不是！公司是同一家，老板也没有变，是小娜自己发生了改变，她的工作态度主动热情，能力日益提高，老板自然对她刮目相看，给她涨薪了。

扔掉那些没有用的东西，保留有用的东西，这才是聪明人面对负面情绪时的明智之举。只有真正积极的行动，不断地改变自己，才能处理眼前的各种不如意，使一切变得井然有序起来，这也是我们提高效率、获得成功的唯一方法。

人的大脑非常强大，能处理数万亿的信息，所以我们计划好的事情如果遇到波折，千万不要认为大势已定，只能全盘接受。如果我们能想办法去改变，打破自己原有的思考模式，将更加自如地发挥大脑的智慧，从而将不利的局面一点一点扭转。

英国史学家卡莱尔在编写《法国大革命史》时，花了多年的心血才完成了全部文稿。为了确保稿子的质量，卡莱尔将它交给自己最信任的朋友米尔去完善。然而就在第二天，米尔带来了一个十分不幸的消息，他将卡莱尔的手稿放在书桌上，谁知被女佣当作废纸丢进了火炉！米尔对此事十分抱歉，他猜想卡莱尔一定会大发雷霆、大加抱怨的。

谁知，卡莱尔得知消息之后，却表现得很平静，他不但没有抱怨，反而安慰悲伤的米尔："现在再抱怨也没有用，没关系的，就当我将作文交给老师批阅，老师说'这篇不行，重写一次吧，你可以写得更好'！"

接下来，卡莱尔开始重写这部巨著。他的第二稿，无论文字还是内涵都比第一稿好，也达到了个人写作生涯的巅峰。

卡莱尔的故事，是否对你有所启迪呢？如果我们能够少一些抱怨，就会多一些清醒，就会认清现实中的问题，就会看清自身的不足；如果我们能够少一些抱怨，就会多一些务实，就会以更加豁达的风度直面人生。

聪明人从来不会把自己的时间浪费在抱怨上，因为他们明白：处于怎样的环境并不重要，重要的是你的选择。是选择软弱地屈服于环境，绝望地等待世界的改变；还是豁达地面对不如意，用行动去调整自己，进而达到改变现状的目的，一切取决于你自己，就看你如何把握了。

人生的荒芜，往往荒在半途

现实生活中，很多人信奉"多一条路就多一个机会"这样的做事哲学。他们觉得凡事适可而止，才不至于把自己逼入绝境，才可以为自己赢得回旋的余地。这有一定的道理，然而这样的想法也可能导致一系列的后果。

比如，当他们遇到困难的时候，不会拼尽全力，会更容易选择退缩和改变方向。因为他们会想，反正还有其他的选择，为什么非要把自己弄得筋疲力尽、头破血流呢！当他们完成某件任务的时候，能偷懒就偷懒，不会逼自己做到极致，更不会逼自己太紧。因为他们会想，反正时间多的是，为什么非要为难自己呢！

这其实正是所有失败者的共性——拼搏了一阵看不到目标实现的希望时，便开始垂头丧气，直至放弃了努力。

而那些能够达到成功的人，绝不会轻易半途而废，而是逼着自己必须成功。因为只有这样，他才能全力以赴，把本来就少有的机会变成实实在在的成功。其实，这样做的目的就是为了给自己施压，激发出自己全部的潜力，逼迫自己在成功的路上奋力前行。

张爽是一个普通的女孩，高考失利后来到上海打工。由于文化水平不高，她只能从普通的文员做起，做着最基本、普通的工作。不过，她并不甘心平庸，通过积极的学习和努力，再加上对工作的热情，很快成为一名出色的市场部销售员。

紧接着，她又凭借着出色的业绩，被提拔为业务部经理。很多人都惊讶于她的成长，可她却笑着说："全力以赴，你会发现，没有什么做不到的。"

两年后，正当她事业蒸蒸日上之时，她却选择了辞职，和朋友一起回到武汉，开始了创业之旅。很多人都劝她不要太冲动，应该给自己留一条后路，可是她却不以为然。在她看来，只有敢闯敢做才能成就一番事业，若是瞻前顾后、犹犹豫豫，恐怕只能毫无作为。

就这样，张爽开始筹集资金，经过分析之后，她开了一家广告公司。为了更好地经营公司，她一边工作一边进行充电，学习广告学和管理学。然而，经营公司并不是一件容易的事情，由于缺少经验，公司每天都在亏损。

面对如此大的压力，张爽感觉有些挺不住了，甚至产生了放弃的念头。可是，她又转念一想："我就这样放弃了吗？好不容易走上创业的道路，难道就轻易放弃吗？这样一来，我怎么对得起自己，又怎么对得起为自己投资的人？与其就这么半途而废，我还不如放手一搏，或许还有成功的可能！"

张爽决定破釜沉舟，把自己的全部积蓄都投入公司，进行最后一搏。结果，她终于成功了，在她的努力下公司拿下一个大客户，并且签订了长期合作协议。之后，一个个合作协议随之而来，公司也步入正轨。

对于自己的经历，张爽说："成功的道路并不好走，关键在于你是否能够有坚持到底的决心。选好了道路就义无反顾地走下去，不给自己留后路，如此才能获得真正的成功。"

生活中，很多人缺少张爽这样的魄力，因为他们知道若是破釜沉舟的话，一旦不成功，自己就会一败涂地，甚至再也没有翻身的机会。所以，他们会害怕、恐惧，会唯唯诺诺、犹豫不决，最终半途而废，放弃了最初的梦想。

《羊皮卷》的作者奥格·曼狄诺写下过这样一段话："生命的奖赏远在旅途终点，而非起点附近。我不知道要走多少步才能达到目标。踏上第1000步的时候，仍然可能遭到失败，但成功就藏在拐角后面。"

其实任何一个人在成功之前，都必定会遇到许多的失意和挫折，甚至是一次又一次的失败。如果你选择了放弃，无疑就是放弃了一个成功的机会，因为在大多数时候，成功之前的失败，往往距离成功只有一步之遥；自古以来，那些所谓成功的英雄，并不比普通人更有运气，只是比普通人更加锲而不舍，更能坚持而已。

想驾驭时间，先要驾驭自己

众所周知，成功的道路都是未知的、充满风险的，所以很多人因此心怀恐惧，虽然他们知道前方可能有好的机遇，而这机遇可以给自己带来巨大的收获，但是内心的恐惧和惰性却让他们犹豫不决，不敢轻易做出任何改变的决定。

在他们看来，现在的状况虽然不太如意，但毕竟是安全的，可以掌握的。可若是冒险的话，它不一定给自己带来巨大成功，反而可能让自己陷入深渊之中。在这种想法的支配下，人们很容易陷入随波逐流的状态，会觉得自己的身体似乎不受自己的控制，总觉得心里住了另一个人，而这个人往往就像恶魔一样，在我们的心里低语，告诉我们要顺应自己的懒惰……

生活中，没有一个人愿意自己变成不思进取的人，但是有时候又总是难以抵挡心里的恐惧和惰性，控制不住自己。可想而知，一个无法控制自己的人，自然不可能去驾驭自己的人生和命运。这种驾驭自己的能力，其实是人们在改造客观世界中控制自身的一种特殊的能动性，是非智力因素或非智力心理品质的重要方面，是内心的能量所在。

不过，自控力并非是潜意识，而是一种有意识的意志行为，所以你周围那些自控力强的人并不是生下来就比你有天赋，他们也是通过意志力来战胜自己的惰性的。在我们工作和生活的环境当中，有太多诱惑了，但是有些人却能够认清个体和环境之间的关系，控制住自己不被诱惑，这样的人自然能够取得更大的成就。

　　日本"经营之神"松下幸之助年轻时在一家电器店当学徒。跟他一同进入这家电器店的还有两名学徒。起初，他们三人的薪水很低，那两名学徒因此常常心生不满，做事也不认真，工作日渐马虎起来。

　　松下跟他们不一样。他觉得既然来到电器店，就应该要好好珍惜这难得的学习机会。为了早日掌握各种电器的使用方法及要领，他每天都比别人晚下班，利用这些时间阅读各种电子产品的说明书。他还利用空闲时间参加了电器维修培训班。他想通过努力学习让自己成为这方面的行家。虽然那两个同事总是嘲笑他，却丝毫没有动摇他的决心。

　　功夫不负有心人，通过不懈的努力，松下从一个学徒变成了一个能够给顾客讲解各种电器知识的专家，并且还可以自己动手修理与设计电器。店主很欣赏松下的这种学习精神，非常器重他。不久店主便将他由学徒转正为正式员工，并且将店里的很多事情都交给他处理。这大大地锻炼了松下的能力，为他以后的创业打下了良好的基础。而那两个不求进步的同事最后却是一辈子碌碌无为。

一个能够战胜恐惧和惰性的人，必然能够驾驭自己的人生和命运，他们在生活中不仅会获得职位上的升迁和事业上的成功，而且能令自己的心灵提升到一个更高的境界。而我们除了羡慕他们之外，有没有想过要锻炼一下自己的意志力呢？其实，你可以从以下几方面入手。

1.认真对待自己的工作。

职场中，也许有不少人习惯于趁老板不注意翻阅网页或是玩一些小游戏，觉得这些小事无伤大雅。但正是这些细节让我们不知不觉放任了自己的惰性。要知道，我们所得的薪水是付给我们的工作的，而你在工作时间娱乐就是玩忽职守，要想对得起自己的薪水，对得起每日的大好时光，就要在工作时间做该做的事。时刻提醒自己不要去做与工作无关的事情，这样你才能投入到工作当中。而当你真正投入到工作中之后，是不会再想到娱乐的。

2.树立自己的竞争意识和忧患意识。

在职场当中，身边总会有那些让我们感到"压力山大"的角色。他们和自己才能差不多，却比自己工作效率高，工作比自己更加认真。与其时刻担心对方过于优秀淘汰掉自己，不如将对方看作是自己前进的原动力。

当你觉得难以控制自己，无法专心的时候，就去看看那些比自己更优秀的人在做些什么。看似简单的方法实际非常有效。有一个竞争对手，你就会从内心产生一种压力，在这种压力之下，你也会慢慢懂得控制自己。

3.适当地给自己一些奖励和惩罚。

奖惩制度不仅对于公司的管理相当有效，对于个人的自律也同样有效。比如我们可以给自己这样的一个制度，如果在工作时间走神的话，那么就惩罚自己晚上要晚下班，一定要完成任务；反之，如果自己在几天之内都能做到控制自己专注工作，那么就给自己一点奖励，比如在下班之后去看一场电影，或者买一件自己渴望已久的东西，等等。

总而言之，我们之所以想尽办法去提升自己的自控能力，目的只有一个，就是让我们能够真正驾驭自己的人生。要知道，放任自己就像是打开了潘多拉宝盒一样，释放了所有的罪恶。每个人都有追随欲望的本能，但是如果不加控制，顺应本能的话，那么我们就没有理智可言，更别谈驾驭自己的人生了。

对于我们每一个人而言，提升自控力的方法有很多。要想真正做到控制自己，就要下定决心。没有人会把锻炼自控力当作爱好的，想要控制自己，必然会做一些让自己不愿意去做的事，但是只要你坚持下来，你就会发现，自控没有想象中那么痛苦，也没有那么难，它会自然而然成为你生活和性格的一部分。而你，也会成为职场上那些你曾经羡慕的成功人士。

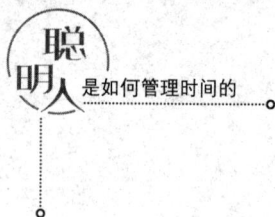

行动越早，回旋的余地越多

生活中，大部分人之所以没能有效地利用时间，拖延到最后，最主要的原因就出现在一开始。如果你留意就会发现，很多人在遇到问题时说得最多的词语是晚了、忘了或是慢了。比如，当我们和朋友在一起时，朋友如果接到了工作电话，会说什么？大概是"好的，明天再说。"或者是"今天太晚了，等明天再说。"有时候，我们在饭店或是服务厅办什么业务的时候，听到的最多的话是什么？是不是"稍等"？

每个人不妨都问自己一个问题：我们究竟在等什么？

很多人都读过这样一个故事：很久之前，有两个和尚，大和尚和小和尚。一天，小和尚对大和尚说："我想到南海去，你看怎么样？"

大和尚吃惊地说："南海距离此地非常遥远，你凭借什么前往呢？"

小和尚说："只要有一个水瓶、一个饭钵就足够了。"

大和尚更加震惊了，他惊讶地说道："很多年前我就想去南海，雇一艘船沿着长江顺流而下，可直到今天我仍没有做到。你就凭这些东西去南海？这怎么可能？你不要痴人说梦了！"

可小和尚并不在乎这些，拿着一个水瓶、一个饭钵就出发了。第二年，大和尚又见到了小和尚，问道："你去南海了吗？"小和尚说："我刚刚从南海回来。"

大和尚听了这话，露出惭愧的神色。

这个故事虽然简单，却寓意深刻，旨在告诫我们：只要肯行动，困难的事情就会变得容易；如果不做的话，那么容易的事情也变得困难起来。同时，若是不能做到想做就做，犹犹豫豫，瞻前顾后，那么只能让自己生活在后悔和遗憾之中。

事实上，生活中有很多大和尚那样的人，却很少有像小和尚那样的人。很多时候我们心动了，想要去做喜欢的事情，比如说旅行、换工作、追求某个女孩子，可始终顾虑重重，担心不成功，顾虑没有钱，所以迟迟没有行动，最终只能在生命中留下一个又一个遗憾。

有一位阿姨曾讲述自己的经历。大学的时候，她时常对同学说："我好想去旅行啊！即便是到邻近的城市，来一次说走就走的旅行，也可以潇洒快乐一番啊！可是我现在没有钱，等到毕业找到工作之后再说吧！到那时，我一定要玩个痛快！"

终于毕业了，她找到一份不错的工作。她时常对同事们说："我好想去旅行啊！一个人到处去走走，这一定非常惬意！可是，我现在刚开始上班，不能随便请假，还是等工作稳定之后再说吧！"

又过了几年，工作步入了正轨。她也开始忙着找男朋友、结婚、生孩子，她时常和丈夫说："我好想去旅行啊！生活压力太大了，我想一个人放松放松心情，可是现在孩子这么小，我根本走不开，还是等以后再说吧！"

一晃眼，她已经四十多岁了，生活越来越美满，孩子也逐渐长大。按理说，她可以安心地去旅行了吧。可是她却对旁人说："我好想去旅行啊！可是丈夫每天忙于工作，孩子也离不开我，我实在不放心他们两人在家，还是等到退休之后再说吧！"

终于等到退休了，她有大把大把的时间，孩子也成家立业了，她终于可以去旅行了。可是由于长时间的劳累，这位阿姨的身体变得非常不好，结果想旅游却去不了了。最后她只能说："我一直想去旅行，可是始终没有去成，这可以说是我人生的一大遗憾！要是能够重来一次的话，我肯定不想那么多，来一次说走就走的旅行！"

旅行真的那么难吗？其实并不是。这位阿姨心心念念着去旅行，可是却总是被各种琐碎的事情所牵绊，做不了自己喜欢的事情。

然而，生活真的那么多牵绊吗？事实上，牵绊她的不是那些事情，而是她自己的内心。只要她没有那么多顾虑，想做就做，自然就不会有之后的结果。即便上学时没有钱，她也可以选择穷游，一边打工一边把美好景色看遍；即便工作忙没时间，也可以趁着节假日到周边走走，只要肯迈出脚步、放松心情，自然可以经历美好。

常言道：早起的鸟儿有虫吃，这可不是假话。如果作为一只鸟儿，我们比其他的鸟儿起得早，那么我们对自己的"口粮"就有很多选择的余地；我们可以第一个选择，可以轻轻松松地完成任务——因为我们提早行动，选择的余地比别的鸟儿更多……

这样一分析，及早行动的所有好处都显现出来了。我们的人生和鸟儿捕食其实是同一个道理。在优胜劣汰的环境当中，越早行动，选择的余地越多，可以应对意外的弹性时间也就越多。在别人面对时间紧急、互相竞争的时候，我们完全有时间和闲暇去做更多的事情。

早一些行动，是最简单的一种提升效率的办法。不要一味等待，趁着别人还没有行动的时候先出马，那么你就已经领先于他人了。就像是一种流行趋势一样，跟风从众的难以出头，做第一个吃螃蟹的人才会被人记住。

很多时候，我们的想法没有实现，想做的事情没有做成，并非是因为我们没有能力，也不是因为金钱、时间的问题，而是我们没有在第一时间行动的魄力和执行力。正所谓"空想是失败的源头，行动是成功的开始。"这是一个简单的道理，而事实也证明，那些被人羡慕的成功者总是有说干就干的勇气和魄力，因为他们比任何人都明白：机遇青睐的永远都是行动者。

所以，想做就大胆地去做，做自己喜欢的事情，做自己想做的事情。哪怕这是一种执念，哪怕只是为了圆儿时的一个梦想，也要在第一时间行动起来。这样一来，我们的生活才能多一些精彩，我们的计划才能逐一落实。

我们必须明白一件事情，那就是：一切趁早，才有选择的余地，趁着岁月正好，勇敢地去做自己想做的事情吧！

做个决定，难道比登天还难？

有这样一则笑话，说的是有一个农夫整日里无所事事，别人问他是否种了小麦，农夫回答："没有，我担心天不下雨。"那个人又问："那你种棉花了吗？"农夫说："没有，我担心虫子吃了棉花。"

最后别人又问："那你种了什么？"农夫说："什么也没种，我要确保安全。"

表面上农夫是为了"稳妥起见"才没有行动，可因为担心不下雨、担心虫子吃棉花就不播种，这是不是太可笑了呢？

其实，与其说农夫在乎"损失"，不如说他是恐惧失败。可恰是这种恐惧心理，是我们所有人的头号敌人。因为过于恐惧，怕字当头，所以我们的行动是不积极的、不彻底的，甚至不敢轻易做出任何决定。

生活中，很多人看到别人成功时，总是羡慕地说"他那么成功，真是命好！"或许你会认为这样的人肯定会渴望成功，事实也确实如此。可接下来你再听他的话就知道了，他对于成功仅仅是有"渴望"罢了，却从来没有真正做出过任何决定，更没有为自己的决定付出过任何努力。

接下来他会说类似的话"要是我当初能坚持自己的想法，便也会有这样的成功。"若是有人问他为什么没去做出行动的决定，他们就会说"那是因为我没有资金""我怕失败"……看吧！他对于成功的渴望只局限于空想之上，就连做出决定的第一步都没有迈出，试想又怎么能真正成功呢？

小薇毕业之后如愿进入了一家时尚杂志社，成为一名见习编辑。对于小薇而言，这是开启成功的大门。虽说她进入的不是什么有名气的杂志社，但至少她离自己的梦想又近了一步。就在小薇这样想的时候，挑战来了。

原来，她的上司给了她一项任务，是要她去采访一名在时尚圈叱咤风云的"时尚教主"。小薇的激动还没有持续一秒，就马上愁眉苦脸了。为什么？因为并不是杂志社已经安排好采访，而是需要她自己去联系，也就是说，这位"时尚教主"还不知道杂志社想要采访自己这件事。

小薇有些为难起来。这位"时尚教主"无疑是时尚圈所有杂志争相采访的目标，她就像是时尚标杆一样，如果小薇所在的杂志可以刊登"时尚教主"的专访，那么销量自然大

增。问题在于小薇所在的杂志没那么大的名气，而小薇自己又是一位见习编辑，这位"时尚教主"又凭什么会接受采访呢？

小薇的烦恼被同事看在眼里。作为前辈，她的同事这样说道："我能理解你的感受。就像是自己长期待在一个阴暗的屋子里，外面就是耀眼的阳光，你对阳光的炽热感到恐惧，因此不敢迈出第一步。但当你真正决定去做一件事的时候，就会发现它其实并没有你想象的那么可怕。决定去做，就是成功的第一步。"

听了同事的话，小薇沉默了。短暂的沉默过后，她拿起了电话，拨通了"时尚教主"秘书的电话。在表明了采访的意愿之后，她终于和"时尚教主"通话了。她直接说道："您好，我是某杂志的见习编辑小薇，这一期杂志想要刊登一篇您的专访，请问您是否有时间接受采访呢？"

同事没有想到小薇的直接，但是随后小薇的话让同事佩服地伸出了大拇指。小薇说道："好的，谢谢您，明天中午1：30，我会准时到。"从那之后，小薇认识了很多时尚圈的大咖，这也让她在职场过得风生水起。

有很多事情在发生之前，我们都料不到它的走向和结局。像故事中这样自然是好的，但是大多数时候我们因为想不到，所以害怕结果是糟糕的，因此迟迟做不出一个决定，让时间白白溜走了。

　　其实，很多事情在最开始的时候我们心里就已经有了一种答案，但是我们因为不确定，所以迟迟不肯迈出第一步，做不出一个决定。可是，很多事情都没有我们想的那样困难，就像上面的故事一样，只要果断做出决定，迈出第一步，你会发现其实没必要有那么多的顾虑，事情并没有那么复杂。

　　不敢做出决定，很大一部分原因是因为担心轻率的决定所造成的后果。但很多事情没有那么难以决定，我们只是习惯性退缩罢了，不想去承担，不愿意去出头。可是最终还是需要去做决定的，问题并不会因为你的逃避而得到解决。很多事情往往越早决定越容易解决——即便你做出的是一个错误的决定，你也还有挽回的余地。

　　但是大多数人往往看不到这一点，任时间匆匆流逝，事情没有任何进展，工作效率自然低下。如果我们能够勇敢一点，卸下心里的包袱，不让恐惧和担心偷走时间，那么我们自然能够节省很多时间，也不用担心事情无法开始了。

　　同样的道理，在做事的时候，我们也不要过分在乎失败，因为越是在乎失败，惧怕失败，我们就离成功的可能越来越远。生活中，面对困境，有许多人选择了逃避，企图逃离风险，以求得暂时的安稳。但是，无数的生活经验告诉我们：每个人的一生中，总会遇到艰难险阻，通往成功的道路上，风险几乎无处不在，困难也比比皆是。当一个人企图利用逃避去躲避内心的危机感之时，正是一个人走入危险境地的开始。我们要想生活在一个没有任何困难、风险的世界，那只是一个无法实现的幻想。

所以说，无论是我们平时在工作中遇到的难题，还是我们在实现人生理想道路上遇到的挫折，都不应该成为我们畏首畏尾、止步不前的理由。我们说心态分两种，积极心态和消极心态。而心态也影响着我们的行为和事件的结果，很大程度上也决定了我们人生的成败。所以，不管什么时候我们都应该相信自己，保持积极的心态，然后放手去做自己想做的事情，充分发挥自己的潜能。如此一来，我们才能战胜失败，为自己迎来更大的成功。

正因为如此，心理学家常告诫我们，不管什么时候，我们都要保持积极的心态，对自己充满信心，而不是总想着不好的事情，或是过于担忧失败和损失。当我们做到这一点，即便深陷谷底，也会慢慢地爬上来，从而抵达巅峰。

马上执行命令，时间不会和你一起磨蹭

文学家克雷洛夫说："现实是此岸，理想是彼岸，中间隔着湍急的河流，行动则是架在河上的桥梁。"没有任何一个机会会等待着你去反复思考，在当今这个复杂多变的社会，很多人变得多疑起来，他们怕自己出错，怕遭别人陷害，怕所有内外因素来影响自己，因此常常站在机会面前踌躇不前，最终与其擦肩而过。

生活中，在我们接到一个任务的时候，你是否会思前想后、犹豫再三才开始去行动？其实这个考虑的时间你可以节省出来，比起"越早开始越好"的理念，更加确切的答案是"现在就开始"。

古人说："畏首畏尾，身其余几？"意思是说，怕头怕尾，身子还剩下多少呢？也就是说，如果你总在害怕做错事，不赶快去付诸行动，如此"前怕狼后怕虎"的话，那么又如何能够取得成就呢？

从前有一个国王决定从他的十位儿子中选一位做继承人。他私下吩咐一位大臣在一条两旁临水的大道上放置了一块"巨石"，任何人想要通过这条路，都得面临这块"巨石"，然后，国王吩咐十位王子来到现场，问他们："如果你们遇到这样的情况，必须要通过这条路，那么你会如何去做？"

为首的王子立刻说道："我曾经接受过攀爬的训练，这块石头虽然看起来很大，但是以我的能力而言，爬过去到对面是一件很轻松的事情。"

另一个王子说："我平日里跟我的老师一起学习并且负责国家的造船工程，我可以用最短的时间造出一艘小船，然后从水路过去。"

王子们七嘴八舌，有的说："我能从水里直接游过去。"还有的说自己可以另造一座桥过去……大家一副踌躇满志，不在话下的样子。

这时一直沉默不语的小王子走上前去，来回端详那块巨石，然后伸出手一推，巨石居然应声而落，滚到水里去了。小王子轻松地走到了对面，回过头来对国王说："父亲，我做到了。"

国王非常高兴，走过那几位还在惊诧中的王子，过去握着小王子的手问："你怎么知道这块巨石可以轻松推动？"

"我不过试了试。"小王子说，"谁知我一推，它就动了。"

原来，那块"巨石"是国王和大臣用很轻的材料仿造的。故事的结局，自然是这位善于行动的小王子继承了王位。

相信我们每个人都曾经有类似的经历和感受，面对任务，有多少人是在举棋不定的犹豫中错过了最好的时机？而那些能够在任务面前快速行动起来，从不磨蹭和拖延的人，往往正是那些最终实现梦想的人。而他们在谈论自己成功的时候往往也非常简单，那就是：想到就立刻去做。

想想看，老板如果给了你一份工作，过了一周问你进展如何的时候你说你还在准备，那么老板的心里会怎么想？说不定他会认为这一周的时间都白发给你工资了。就算能力不如我们的人，在听到任务的同时就付出行动，即便做得可能不够完美，但至少在别人看来工作态度是非常积极的。

越是"前怕狼后怕虎"，越是拖延犹豫就越容易错过机会，没有任何一个自信的人会对自己要做的事情举棋不定。因此，如果想要克服拖延和选择困难症的话，首先应该培养自信心，当然，这种自信来源于能力的提升与经验的增长，只有不断地去尝试新的事物，对自己进行挑战，才会增加自信心。

人的心灵有着无比强大的力量，我们的想法创造了我们的内心世界，我们的思维方式决定了我们要过的生活。心态，影响着行为；行为，又影响着人生。可以说，命运是心态和性格的产物，若把生活比作电影，那么这场电影的导演就是我们自己。很多人敢闯敢干，在失败中寻找经验，最终走向了成功，但是还有一些人做事小心翼翼，瞻前顾后，一拖再拖，最终一事无成。

相信许多人都会有这样的感受：时间永远是做着加速运动的。回想一下小时候，一年是否过得无比漫长？在我们5岁的时候，一年是我们人生的1/5，但是当我们到了50岁的时候，一年就相当于我们人生中的1/50了。更重要的是，我们小的时候只需要成长，但是随着我们年龄的不断增长，我们需要做的事情也越来越多。当我们走上社会步入职场之后，生活中就不仅仅是享受和学习了，我们要工作，我们还要有家庭，还会有孩子……我们的时间真的没有那么多可以去犹豫和荒废。

所以说，无论什么时候，任务来了就要马上行动。永远不要认为时间还有很多，如果你真的这么认为，那么你只会越来越焦躁。要相信，"最后期限"总会扑面而来，所以你要时刻做好应对的准备，而最好的办法，就是听到命令的时候马上就去执行。永远不要再去问什么时候开始，要记住，不管什么事情，最好的

开始时机永远是现在!

在这个快节奏信息化的社会里，"快鱼吃慢鱼"已经成为社会发展的趋势和规律，只有抓住机会，在最短的时间内采取行动，才能抢在别人前面付诸实施，只有抢先半步，才能领先一路。总而言之，如果要做，就立刻行动，即便是失败，你也能够快人一步获取到宝贵的经验教训，从而更快地重整旗鼓，冲向梦想的彼岸。

第三章
没有正确导航，
所有努力都是瞎忙一场

　　对于未来的憧憬可以激励我们前进，可如果我们沉迷于憧憬甚至幻想，反而会分散我们的注意力，最终导致我们走上错误的方向。

　　生活中，有太多人表面上匆匆忙忙，实际上却一无所获，这并非因为他们不努力，而是努力的方向出现了问题，把大把的时间花在了错误的事情上。

千万不要让自己成为"空想家"

有人说，他心里有三大愿望：一是某天有个极其有钱的亲戚去世了，而他自己成为巨额遗产的继承人，顿时间，他从一穷二白的穷小子，摇身一变成为一位超级富翁；一是某天灵感一来，买了一张彩票，然后中了超级大奖，顿时间，他成了百万富翁，甚至是千万富翁；最后一个就是，他走在路上，不小心捡到一个皮包，而皮包的主人是位超级富翁，为了感谢他的拾金不昧，奖励他巨额奖金。

这种只有小说里才会出现的情节，突然有一天成了网络上的热点——微博、微信开始流行这样一个活动：转发一个表情包——"转发这条锦鲤，便心想事成""转发这条锦鲤，便可以发大财"。越来越多人都在努力地转发锦鲤，希望自己成为被幸运砸中的那个幸运儿。

其实，从某种角度来说，这只是人们解压、娱乐的方式。可是，很多人却真的沉迷其中，并且坚信"转发锦鲤"便可以让自己像那些"幸运儿"一样事业有成、一夜暴富。于是这些人在最该努力的年纪，却变成了"空想家"：或是妄想通过买彩票一夜暴富，或是妄想通过选秀一夜成名，更有甚者开始幻想"要是我能如此幸运，那么下半辈子是不是就不用工作了……"

很多时候，对于未来的憧憬和幻想可以激励着我们前进，可如果我们成天幻想，一味地陷于其中，那么就是给思想增加负担，会导致注意力分散，记忆力下降，工作效率变低。因为，当我们的幻想十分离奇或根本不可能实现时，就是非理性的空想。和灵感不同，这通常是一种无用的思想"垃圾"，它们不会产生实际价值，只会白白占据我们大脑的空间，如此大脑留给其他信息的空间小了，记忆能力就会变差。

我们不妨回想一下，你和别人的谈话时是否会开小差，居然听不清或听不见别人刚才说了什么？你是否在工作中有心不在焉的时候，平时能做的工作怎么也做不好，甚至找不到思路？……这些都是沉迷空想对我们所产生的干扰。

所以，当你发现自己经常沉迷于空想时，要提醒自己，那些热衷于转发"锦鲤"、满脑子白日梦的人，虽然明知道这是不可能实现的，可是却幻想着：要是这样的梦真的成真了，我岂不是改变命运了。于是，这样的人总是沉迷于幻想，而白白耽误了大好时光。

像无数刚刚走出校园的年轻人一样，彼得·金曾经有着无数美好的愿望：他曾幻想自己有一天能拥有一辆超酷的极品跑车，享受风驰电掣的快感；也曾幻想自己去巴黎看歌剧，去日本看樱花，在旅途中邂逅一位美丽善良的爱人，一起走遍地球的每个角落，共度余生……

　　可是这一切美好的幻想在他工作不久后就戛然而止了。彼得·金出了严重的工作事故，被一架运转的机器碾压，他只能在轮椅上度过自己的余生。他不能自由地开跑车，不能去周游世界，他与一位姑娘结了婚，那个姑娘长相普通，而且并不热爱旅行……彼得·金觉得自己的人生糟糕透了，他整日郁郁寡欢，后来干脆开始自暴自弃了！

　　不过，彼得·金的妻子是一个善良而智慧的女子，她看到丈夫这个样子非常心痛，不仅在日常生活中细心地照顾着他，而且还经常开导他，"我知道你有很多美好的想法，但每个人都不可能预测到未来会是什么样子。如果你对生活感到失望，那就将那些想法忘记吧，如此你才可能创造精彩的人生。"

　　慢慢地，彼得·金意识到了自己的问题所在。是呀！虚无的幻想只会白白浪费自己的时间和精力。他努力忘记曾经的那些幻想，顿时感受到生活充满了阳光。

　　的确，命运不会宠爱幻想的天才，相反，它偏爱的是有准备的头脑、有实际才干的人。这个世界上有两种人：空想家和实干家。空想家们善于想象、谈论、渴望，却从不去主动实现自己的梦想。而实干家则不同，他们从来都是少说多做，不管是研究一项实验，写一本书，参加马拉松比赛，还是其他事业，他们都能身体力行。空想家和实干家，谁更胜一筹？不言而喻。

　　要知道，"空想家"的梦想虽然都看似壮丽，实际上却是杂

乱无章的，因为他们只有梦想没有行动，根本没有实现的可能。只有那些勇于直面人生，勇于脚踏实地去拼搏的人，他们的梦想才有实现的希望。

那些聪明的人，决不会让自己成为"空想家"，他们会认真梳理自己头脑中的想法，时刻关注头脑中出现的任何念头，并且会认真分析：哪些是确定无法实现的？哪些是没有意义、没有价值的？对于那些不现实的想法，便毫不留情地"丢弃"。如果有些幻想能实现且有一定价值，那就积极付诸行动。

行动胜于空想，这样的大道理谁都懂，唯一的阻碍是你能否下定决心。我们一定要更多地把注意力放在眼前，致力于克服现实生活中的困难和挑战，做"实干家"而非"空想家"，我们才能在成功的道路上走得更远、更坚定。

盲目的执着只会让你离成功越来越远

如果你仔细研究过航海者的图表，就会发现航程从出发点到终点，其路径并不是一条直线，而是一条弯弯曲曲的线。为什么？因为水流、风向等外力的影响，船长会时时修正船只前进的方向。我们的人生就像就是大海中的航船，很少有一帆风顺的时候，适时修整自己的"航向"十分必要。

　　德国汽车巨头卡尔·本茨曾经在自传中写到过一个特殊的年轻人。这个年轻人曾经是他工厂里的员工，在一次员工联欢会上，他曾询问员工们的梦想是什么。当时他听到了各种各样的答案，但是只有这个年轻人的回答引起了他的注意。

　　这个年轻人说：我的梦想是赚到1000亿美元。

　　要知道，在当时1000亿美元不是一个小数目，相当于卡尔·本茨资产的100多倍。这让卡尔·本茨大吃一惊，便追问对方要这么多钱做什么。小伙子挠着头想了好一会，吞吞吐吐地回答："老实说，至于到时候做什么，我也不大清楚。我只觉得赚到1000亿美元才能称得上成功。"

　　卡尔·本茨说道："小伙子，不是我给你泼冷水，而是你的想法太不合实际了，就拿我经营工厂来说，市场的规模和潜力是有限的，大家都做这一行，创造出来的利润总量也是有限的，一个人将那么多的钱归为自己所有的话，将会威胁整个金融市场的稳定，反而会导致大家都赚不到钱，所以你最好还是不要再做1000亿美元的美梦了。"

　　在以后的时间里，虽然这名小伙子几次拜访，但卡尔·本茨总会拒绝与他再见。一晃六年过去了，年轻的小伙子变得成熟了、稳重了，他又一次来拜访卡尔·本茨，他说他要收回六年前的梦想。卡尔·本茨终于答应见面了。

　　刚一见面，年轻人就迫不及待地说道："我认识到了六年前的错误，现在我修正了自己的目标。我不再想着挣1000

亿美元的美梦了，我决定创办一所学校，做我力所能及的事情。"

卡尔·本茨欣慰地笑了，得知对方还缺少资金时，他主动提出资助对方，帮助他实现自己的目标。后来，这位年轻人成功创办了德国著名的艾勒多亚大学，他的名字就是波·艾勒多亚，他虽然没有挣到1000亿美元，但他成了一个相当成功的人。

很多时候，目标并非定下就可以，我们还需要不断地审视，不断地调整。毕竟，客观的事物总处于变化和发展之中，很多事情是不以人的意志为转移的，如果我们一味坚持自己最初的目标而不考虑这目标是否正确，是否不切实际，那无异于刻舟求剑，是不可能实现的。

有些时候，你虽然在某件事情上用了很大的努力，但仍不能达到设想的目标，甚至你发现自己处于一个进退两难的地步，所走的路线也许只是一条死胡同。这时候，最明智的办法就是好好地分析一下，这个目标对自己是否合适？如果不合适，不如放下无谓的固执，重新调整和修正，设立新的目标。

曾经有科学家做过这样一项有趣的实验：他找来两只透明玻璃瓶，分别放进去几只苍蝇和几只蜜蜂，然后他将瓶子平放，将玻璃瓶的底部对着光线明亮的方向，而将开着的瓶口对着黑暗的方向。然后仔细观察苍蝇和蜜蜂的反应。

科学家发现，所有的蜜蜂都朝着有光亮的瓶底飞去，被玻璃阻挡之后仍然不放弃，即便是一次又一次地撞上瓶底，却依然坚持不放弃，即使是同伴一个个都撞死，也无法唤醒其余蜜蜂的觉悟，最终所有的蜜蜂都死在了瓶底。

而另一个瓶子里的苍蝇则完全不同，它们先是朝着光亮的瓶底飞去，撞上玻璃之后，又开始朝其他方向飞，看似蒙头乱窜，四处碰壁，却总会有一定机会飞向瓶口的方向，最终，所有的苍蝇都成功飞出瓶子，获得了自由和新生。

我们不妨思考一下蜜蜂和苍蝇的不同结局，生活中，其实蜜蜂和苍蝇的例子就发生在我们身边，甚至是我们自己身上。有太多的人日夜努力，坚持奋斗，却因为目光不够长远，不懂得调整自己努力的方向，结果在错误的方向上渐行渐远，最终落得个一生忙碌却又一生平庸。

对于我们的人生而言，最重要的，不是你眼下所处的位置，也不是你手中取得的成绩，而是你所努力的方向。你所有的付出和努力是否有意义，是否能够取得预期的回报，只取决于一个因素，那就是你努力的方向。只有选对了方向，才能产生持续的前进的动力。

反之，如果你勤奋努力却没有找到正确的方向，那么你的一切努力都会付诸东流，想想死在瓶底的那群蜜蜂吧，方向永远比努力更重要！

可见，一味地坚持，盲目地执着，是一种失去理智的固执与任性，只会让我们距离成功越来越远。生活中有太多人之所以做事不够高效，很大程度上就在于经常固守一个目标，不懂得适时调整和修正自己的目标，坚持一条道走到黑。

这样的盲目其实没有任何益处，甚至会误导我们走向毁灭。就像飞行员驾驶飞机时，需要定时检查和修正飞行的航线一样，我们的人生目标也需要经常修正。这样一来，我们就可以确定自己是否朝着目标前进，有没有取得预期的成功；发现目标中出现的问题，并且找到解决办法……这是一种自我调整，是人生目标的再次确立，是提高做事效率的重要方法。

二十世纪七八十年代，日本脚踏车配件市场十分火爆，许多厂家纷纷跟风生产，导致竞争越来越激烈，结果可想而知，随着加入的厂家越来越多，脚踏车配件生产的利润越来越低，连维持生计都不容易，同业者们都在大声叹气，打算另谋出路。

当时，松下电器公司的一位普通员工却有着自己的想法，虽然目睹了自己所在工厂生产的脚踏车配件滞销，但他还是做出了一个当时在旁人看来无法理解的决定：辞职办厂，生产脚踏车配件。

就在大家的劝阻甚至是讽刺中，这位年轻人将自己的想法付诸了行动，他租了一间小工厂，在完全没有资金的情况下进入了脚踏车行业，开始生产脚踏车用灯。当时虽然也有装有灯的脚踏车，但是由于价钱贵的关系，一般人使用的脚踏车还是无灯的,一到晚上就骑行不便。

这个年轻人决心要改变这一现状,让所有的脚踏车都配备车灯。在他看来,如果把售价降低,那么销路自然就可以打开,他一再声称:"我要创造一个光明灿烂的脚踏车灯世界,我准备扩大厂房,每年生产二百万个车灯。"

这时,不仅企业界嘲笑这个年轻人愚蠢:"我们这么努力,现在每年卖不完1万辆脚踏车,那家伙说要一年生产二百万个呀!他真是疯了,瞧着吧,不出半年就会关门大吉的。"甚至朋友、亲戚也嘲笑他"自取灭亡、病入膏肓、无药可救"。但这个年轻人雄心勃勃,他向银行贷款,积极地按照计划进行,全神贯注于大量生产作业。因为他深深知道一点:一家公司每年生产一万个车灯时,产品的成本相当昂贵。但是一家一下子生产几十万个,成本就降低一半以上,商品价格自然就能便宜。

事实证明,年轻人的降低成本,适应需要的做法是正确的。产品一上市,奇迹就发生了,车灯以惊人的声势大销特销了,其后的畅销更是势如奔马,四年后就轻而易举地达到每年生产二百万个的目标,五年后,年轻人创办的公司就跻身于日本大企业之林了。

这个年轻人的名字叫井植岁男,他所创办的企业就是如今大家所熟知的三洋机电。

井植岁男以敏锐独特的眼光,卓尔不群的远见,聪明地分辨出脚踏车配件行业停滞不前的问题，及时转换自己的目标，并清晰地明确了自己的发展方向，他的智慧为自己赢得了成功，财富和荣誉纷至沓来。这也印证了文学大师斯宾塞·约翰逊所说的："越早放弃旧的奶酪，你就会越早发现新的奶酪。"

生活和工作中，那些聪明人都懂得去及时、经常地调整和修正目标，不会等到错误发生了再行动。要知道，有些时候盲目的执着只会让我们在错误的道路上越走越远。因此，学会修正自己的目标和方向，是一种智慧，它能够帮助我们随时改正自己的错误，也能够确保我们在实现梦想的过程中始终走在正确的方向上。

如果不想重蹈覆辙，就吃一堑长一智

对于很多人来说，最糟糕的事情莫过于品尝失败的滋味了。

开了一家公司，没过多久却倒闭了；

因为损失了某一重要订单，就被解雇了；

参加比赛，以没有入围而终；

终于鼓足勇气和喜欢的女孩表白，却遭到了拒绝……

虽然人人都渴望成功，但不论你是谁，都有可能遭遇失败。此时的你应该怎么办？垂头丧气？郁郁寡欢？还是一蹶不振？这些消极的做法无法解决任何问题，只会导致你一事无成。所以，如果你不想重蹈覆辙，那在失败时一定要冷静，谚语常说"吃一堑，长一智""不要在同一个地方摔倒两次"，这就是告诫我们要将那些失败的经历整理起来，记下失败的类型和原因，善于从失败中学习，总结失败的教训，以此作为前车之鉴。

英国《泰晤士报》前总编辑哈罗德·埃文斯一生中曾经历过无数次失败，其中包括他在80年代中期对《泰晤士报》进行改革的失败，但他从未在失败中沉沦，而是通过从失败中学习，让思绪脉络更清晰、更周密，最终化失败为胜利。

其实，失败没什么了不起，它并不能代表就是输，反而会给我们带来丰富的经验。如果我们能够不断地对失败进行整理，从失败中总结经验教训，那么每一次失败都是一次宝贵的学习机会，都是一次自我成长、自我提高的机会。

在发明电灯的过程中，爱迪生几乎把自己的精力都投在了试验上，但他所遇到的困难也是常人想象不到的。

为了能找到灯丝的材料，他先用碳化物质做试验，可是失败了，他又以金属铂与铱高熔点合金做灯丝试验，还是失败，后来他还做过上质矿石和矿苗共1600种不同的试验，结果都失败了。

这时，他的助手有些心灰意冷了，说道："花了这么多的时间，做了这么多的工作，可都失败了。"爱迪生微笑着反驳道："怎么能说失败了呢？至少我已知道了几千种办法是不能用的，它和成功一样是很有价值的。"

爱迪生又继续着实验，尝试了更多其他材料，当他把碳丝装进玻璃泡里时，发现效果很好。就这样，世界上第一批碳丝的白炽灯问世了。虽然电灯是发明成功了，但是这种电灯也有不少的毛病，想要大规模地推广还是不大可能，这对爱迪生来说，依旧不算成功。

为了这看似简单的电灯，爱迪生大约经过5万次的试验，写成试验笔记一百五十多本，可是一个晚上，工厂突然失火了，爱迪生的实验室被烧得干干净净。实验室化为灰烬，大半辈子的心血毁于一旦，许多人为爱迪生感到惋惜，但爱迪生却对助手说："这场大火把我们的成果给烧光了，同时也把我们的'失败'烧光了，现在我们要重新开始！"

后来，爱迪生用碳化竹丝做成一根灯丝，结果比以前做的种种试验都理想。这便是爱迪生最早发明的白炽电灯：竹丝电灯。通上电后，这种竹丝灯泡竟可以连续不断地亮1200个小时。

爱迪生明白了失败没什么大不了，只要坦然接受并总结经验，那么失败就是成功的"垫脚石"罢了。爱迪生将失败的阴影抛到九霄之外，最后他达到了目的，成了世界闻名的发明大师。

所以说，失败无所谓，你可以败在经验、败在技巧上，但绝不能败在懒惰上。聪明的人快开始行动吧，积极主动地去分析失败的原因，总结经验，努力之后，相信你一定会领略到"柳暗花明又一村"的妙境。

所有漫无目的的努力，都是瞎忙一场

生活中总是有这样一些人，他们心中根本没有什么目标，还不知道自己该朝着哪个方向前进，便匆匆忙忙地出发了。结果，这些人只能一边摸索一边前进，延缓了成功的进度，或是在错误的道路上横冲直撞，付出了加倍的努力，却对成功没有任何帮助。

在生活和职场中，我们努力的最终目标是有所收获，而为了收获，我们就要尽全力去做。可是有些时候，我们觉得自己付出了努力和时间，结果却差强人意，究竟原因是什么呢？

其实，有些时候，之所以没有获得理想的结果，并不是因为你没有付出努力，而是你没有一个目标。就好像有目的的旅行才能称之为旅途，而没有目的旅行只能算是流浪——即便你走了很多路，但是却没有任何成就和意义。

仔细想想自己每天的工作流程吧。早上我们来到办公室，然后接听工作电话、制定计划，填一些表格单据，再然后发传真、写邮件、讨论问题……一天下来，我们做了很多事情，但是又好像并没有做什么真正有成效的事情。第二天，同样重复着相同的工作，我们没有闲下来，一直都很忙，但是却又说不清自己究竟在忙些什么。

时间日复一日，渐渐的，我们对工作感到了厌倦，甚至觉得人生进入了停滞期。我们明明做了那么多的工作，为什么生活还是一成不变？一事无成？原因很简单，因为你没有明确的目标，只是茫然的在前行。

在东京的一场国际马拉松邀请赛中，一位名不见经传的选手山田本一，出人意料地夺取了最后冠军。记者问他凭什么能取得如此惊人的成绩，他说了这么一句话："凭智慧战胜对手。"。

当时许多人都认为山田本一只是偶然获得成功，他说的话只是在故弄玄虚。人们认为，在马拉松比赛中，凭借的是体力和耐力，只要具备这些实力，就有望夺冠，而不会用到所谓的"智慧"。

两年后，意大利国际马拉松赛在意大利米兰举行，山田本一再次代表日本参赛。这一次，他再次获得冠军。记者又请他谈经验，山田本一不善言谈，回答仍是上次的话："凭智慧。"这回记者仍然对他所说的"智慧"感到迷惑不解。

10年后，谜终于解开，山田本一在自传中这样描述：每次比赛前，我都要乘车把比赛线路仔细看一遍，并把沿途醒目标志画下来。比如，第一个标志是银行，第二个标志是大树，第三个标志是一座房子……这样一直画到终点。比赛开始，我就按预先计划好的速度奋力地向第一个目标冲去，到达第一个目标后，再以同样的速度向第二个目标赶去。这样，四十多公里赛程，就被我分解成很多个小目标，从而可以轻松完成。

在人生这条道路上，虽然我们不一定需要成大名、立大功，但是只有确定了目标，然后主动去践行，坚持不懈地沿着目标走下去，才能梦想成真。

在科学管理当中，工作被定义为"一连串的动作"。这也就是说，完成一项工作需要一个动作一个动作串联在一起去完成，这就是一种任务的分解。比如你要完成一项工作，首先要考虑准备什么，第二步做什么，最后一步做什么，等等。这样你就可以按部就班地完成工作了。

如果你不知道你做这一切的目标是什么，只是想着完成眼前的事情，那么你很难把工作做到最好。工作需要一步一个脚印，但更重要的还是目标和方向。你需要制定一个目标，然后再去工作。否则你就只能每天努力地做着杂事，一天天下去没有任何收获。

要知道，身在职场，如果不懂得给自己制定目标的话，那么即便你有一项任务，也很难高效地去完成。这就像是发射火箭一样。曾经科学家们在计算火箭的重量之后，非常肯定100万吨的重物是无法飞上太空的。但是有人则提出了一个说法，将100万吨的火箭分成不同的级别，首先是将它整体送入大气层，然后脱落一部分重量，之后再继续飞行。有了这个想法之后，才有了如今的月球计划。

你或许会反驳："我当然有目标了，我的目标就是升职、加薪！"可是你知道怎样达成这样的目标吗？你也许又会说："我会努力工作，更加努力的工作。"没错，这些都是正确答案，但这些又不是明确的答案。

如果你只看着远处的风景，每天都忙忙碌碌地做着不知所谓的事情，那么即便你再忙碌，也没有做任何对未来有益的事情，说到底，也不过是在浪费时间罢了。而且这样消磨时间，逐渐也会让你丧失拼搏的热情。

不要想着眼前的工作困难到无法执行，也不要看着最高目标不知所措，每天瞎忙了！定一下阶段目标吧，做每件事情都要有一个目标，你如果能够明确你接电话、做报表是为了什么，那么你才能够说你的工作是有意义的。

人生之路，总要脚踏实地地去行走，人生也是一场马拉松，如果没有明确的前行目标，用不了多久，就会"跑"得疲惫不堪。再加上过程中的各种挫折，任凭有多大的心理承受能力，最终都难免对内心的信念产生动摇。这样，随着信心一点点地失去，最终可能会放弃自己的坚持。

因此，我们要走出不同凡响的生存之路，好高骛远是行不通的。只有踏踏实实地做好该做的工作，学会该学会的知识，才是人生的首要任务。生活中的你如果也会遇到了同样的情形，那就要时常反思一下自己的目标，如果超出了自己的承受，那就适当调整一下，这样才能使生活过得更舒适一些。舍弃掉不切实际的目标，人生才会有更多的收获。

别蒙着眼睛瞎忙浪费时间了！不要总觉得时间不够用了！停下来制定一个目标吧，不用每天都不得清闲，也不用每天都风风火火，只要你有一个明确的目标，每一步都是向着目标前进的，那么你的时间就掌控在你的手中了。

面对未来，我们内心装满愿望，很多愿望对于年轻的我们，可能都太遥远，甚至不太现实。但如果把这些愿望分解、细化，使之变成一个个容易通过努力实现的具体目标，那践行的过程便会轻松许多，而最终梦想也就更容易实现。

让时间来选择果断还是谨慎

有一首歌这样唱道："岁月匆匆，时光荏苒，经不起你的一再蹉跎，不敢向前迈出你的脚，你便会永远停在原地而无所作为。"生活中，每个人都不会保证自己做的事能成功，但是，如果在该做的时候犹豫，在该前行的时候迷茫，便永远不会成功。

古人也说过："畏首畏尾，身其余几？"意思是说，怕头怕尾，身子还剩下多少呢？也就是说，如果你总在害怕做错事，不果断去付诸行动，如此前怕狼后怕虎的话，那么又如何能够取得成就呢？

生活中，有太多的人面对重要的抉择，总会引发剧烈的思想斗争："怎么办？这是一件大事，我应该要好好想想的，可是现在时间却容不得我犹豫，我该怎么办？怎么办？"在现实生活当中，你是否曾经遇到过这样左右为难的情况？对于需要对项目和工作结果负责的你而言，考虑越全面，出现纰漏的可能性就越小。可是，有时候时间却偏偏和我们作对，连最起码的考虑时间都不给我们，这种时候，我们又应该怎样做？

公元前610年，晋灵公与诸侯在扈会盟。

郑穆公得到消息后很想参加这一盛会，但是，晋灵公却对此十分反对，他拒绝和郑穆公见面，因为晋灵公听说郑国对晋国有二心，他们打算和楚国勾结一起造反晋国。

郑穆公对此十分忧心，郑国的大臣子家想为大王解忧，便立刻派信使去了晋国，给执政大夫赵盾捎去一封信，信中表明了郑穆公即位以来和晋国一直是友好的，即使面对楚国强大的压力，他也从来不敢对晋国三心二意。当然，信中还对晋灵公的无理指责做了反驳，最后，他以强硬的口气说："古人有言：畏首畏尾，身其余几？鹿死不择音，小国事奉大国，如果大国以德相待，那它就会像人一样恭顺，但是，如果大国待之非礼，小国就会像鹿一样铤而走险，哪儿还能顾得上有所选择呢？"

赵盾看着信，觉得说得很有道理，并对信中的最后一句"贵国拒绝我主公的命令，我们也知道面临灭亡了，只好准备派出敝国的士兵严阵以待。今后，到底该怎么办，就听凭您的命令吧！"十分佩服，于是，他劝晋灵公收回成命，不要拒绝郑穆公参加会盟。

　　做成每件事必定有一定的风险，也许会因为我们一个小的失误而失败，但是我们可以从失败中吸取教训，下次再去做的话就不会再出错，总有一天会成功的。如果因为畏首畏尾，而停步不前，不能在第一时间做出最快的反应，那么极有可能永远都没有成功的一天。年轻人应该有一种雷厉风行的闯劲儿，这种说干就干的精神会让你成就自己。

　　当然，面对问题谨慎是我们应该有的态度，但是在时间紧迫的时候，我们就应该学会果敢。因为相比于不够谨慎的决定，拖延时机的后果更加严重。在时间比较充足的时候，我们可以考虑周全一点，但如果时间比较紧急，那么我们就要扔掉多方顾虑，果敢做决定。

　　谨慎并不代表犹豫不决，在我们很难做决定的时候，其实你只需要去做一件事，那就是"执行"，来回摇摆、考量并不能让事情变得简单，考虑得越多，事情往往就会变得越复杂，这种时候，果敢一点做出决定，比你思前想后要好得多。

　　小刘是一名销售人员。有一天，他找到了一张以前得来的名片，看上去名片上的人似乎能够成为他的潜在客户，但是小刘对这个人完全没有印象，突兀地联络，会不会有作用呢？对方会不会根本就不愿意理自己？想到这里，小刘挂掉了已经拨出去的电话。

　　这件事并没有就这样过去，小刘总是考虑：不打电话固然不会被拒绝，但是这个陌生人也永远不可能成为自己的客户；如果打了电话，最差不过被拒绝，也有可能谈成生意，即便被拒绝了，他也可以放下心里的包袱。这样想着，小刘最终选择了和对方联系。

　　对方接到电话之后，很开心地接受了合作意愿，愿意和小刘面谈，并约在第二天见面。见面谈过之后，双方发现对方都不是自己适合的生意伙伴，于是这单生意并没有谈成，不过双方还是达成共识——以后有机会再合作。

　　小刘高兴地回到了公司，这个时候小刘的一个同事揶揄道："白跑了一趟吧？白白浪费了一天时间。看看我，做事前多方考虑，只有考虑全面了才会行动。"

　　小刘不以为然，说道："即便这一单没有成功，可我已经为下一单铺路了。你这一天除了空想还做了什么呢？有什么业绩呢？"

　　小刘的话没错，没有什么行动是毫无意义的，如果他一味纠结在该不该联络对方这件事上，那么最终时间只会白白溜走，只有去行动，让结果来告诉自己做的决定究竟是否正确。如果不对，那么至少我们获得了处理问题的经验，以后就可以更加准确地做出一些决定了。

　　当然，果断地做决定并不代表鲁莽地做决定，这两者之间是有本质的差别的。我们果断地做决定并非不思考，只是抛弃那些过于细小又无关紧要的环节,只考虑关键问题,然后尽快下决定。

无论是工作还是生活,当我们面临需要做决断的局面时,一定要大胆做出决断;在需要迅速行动时,一定要果敢地迈出第一步,行动起来。

太平洋上的珊瑚环礁,是美丽的观光胜地。

船长老练地操纵海鸥号,海鸥号的水手们也心旷神怡,海鸥号轻灵地避开水下的礁石,船长看了看天气,说:"我们就停在前面的无人岛上,来一次烧烤大会怎么样?一起享受这美好时光。"

水手们一同欢呼起来,他们不知道,这阵欢呼竟然成了最后一次,他们惊醒了一个睡在两千米深海底的恶魔——海底突然地震,它已经等待海鸥号好久了。

瞬时,平静的海面发出一阵疯狂的喧嚣,剧烈的震荡起来,一道巨浪腾空而起,直奔毫无戒备的海鸥号而去。

船长定了定神,连忙调整海鸥号的方向,逆向行驶,他嘱咐水手们将大部分食物、设备等物资扔出去。海浪越逼越紧,一道6米高的海浪把海鸥号高高抬起,然后重重地抛上了礁盘。船长马上意识到自己的船已经不可救药——海鸥号的龙骨已经在这一击之下断成了两截。船的龙骨就像是人的脊梁骨一样,断成两截可是致命伤,于是,船长果断地下令水手们弃船潜水。

但是水手们都舍不得丢下海鸥号，因为它是一条纵横万里的袭击舰，水手们对它喜爱极了，他们舍不得丢下它，只希望海浪过一会可以消失。

船长看到这种情形，命令道："准备跳海，立刻、马上！"带头跳了下去。

他们跳下水，不一会儿就转移到了无人岛，虽然这里没有人，但是有着丰富的物产，他们是饿不死的，只需要等待过路船只来营救就可以。

我们无法预料未来，虽然果敢的行动会犯一些小错误，但是这些错误的经验正是我们走向成功的法宝。犹豫不决是一种缺陷，世界上最可怜的人是机会就在他们面前，成功唾手可得，自己却因为没有行动而错失良机。

昙花的美来自那短暂绽放，流星的美来自那稍纵即逝，很多美丽就在你的犹豫中划过。所以，行动起来，抓住那些稍纵即逝的机会，果断地去做，行动之后才能无悔，行动之后才知道自己能否成功。

在这个社会中，一个具有果断能力的人才能够独立，才能够获得成功。之所以有些人会优柔寡断，是因为他们没有自信心，更没有毅力，他们胆怯，总害怕失去。

如今信息化社会的节奏越来越快，"快鱼吃慢鱼"已经成了社会发展的趋势和规律，只有抓住机会，在最短的时间内果断采取行动，才能抢在别人面前付诸实施。所谓抢先半步，才能领先一路。总而言之，如果要做，就立刻行动，即便是失败，你也能够快人一步获取到宝贵的经验教训，从而更快地重整旗鼓，冲向梦想的彼岸。

当你足够清醒，才不会忙乱无章

职场中，我们身边一定都会有这样的人，他们永远都精力充沛，不管在做什么工作，似乎都非常认真，能够长时间保持高度的专注力，就算你突然问他某个环节的问题，他也能头头是道地说出来。

也有那样一种人，他们看起来忙忙碌碌，可一旦遭遇突然的提问，或者遇到突发状况，马上就乱了阵脚，脑子里乱作一团，即便是再简单的小问题，也能够让他们思路大乱，甚至乱了阵脚……

这两种人当中，你是哪一种呢？

人生在世，有荣有辱，有成有败，有得意有失意，这只是人生不同阶段的不同经历而已，可是有些人偏偏会被这简单的人生经历打倒。"宠辱不惊，闲看庭前花开花落。"这是一种人生境界，告诉我们要坦然面对有可能发生的所有事，拥有一颗宠辱不惊的心。面对眼前这个多变的世界，很多人彷徨了、茫然了，殊不知，你在左顾右盼，急得满身是汗，焦躁不安的时候，机会也被错过了。

被胜利冲昏头脑的人成不了大事，被困难勒住脖子的人同样也是人生的弱者。所以，我们无论遇到什么样的情况，都要尽量冷静，保持一颗平静的心人才会保持清醒。

从前，有一个国家的宰相，无论遇到什么事情，他都是一副很淡然的样子，这让国王觉得他又可笑又讨厌。

有一天，国王准备外出，突然下起了大雨，这让国王非常扫兴。但是宰相说："这是一件好事情，大雨过后的街道一定会被冲刷得很干净，国王您就可以享受清新的空气了。"国王没说什么。

又有一次，国王准备外出巡视时却遇到了酷热的天气，十分郁闷。这时宰相又对国王说："这是一件好事情，在这么炎热的天气下出巡才能了解百姓的疾苦，不是吗？"国王本想打道回府，被宰相这么一说回去就等于不顾百姓的疾苦，于是他强忍着一股无名火没有发作，对宰相恨极了。

后来，国王在检查猎器时，不小心被猎器斩断了一截手指。宰相居然也认为这是上天最好的安排。国王听后终于忍无可忍，立即把他打入大牢，并以一种嘲讽的口吻问宰相："你认为这也是最好的安排吗？"没想到宰相居然说是，国王更加生气了，恼火地抚了抚袖子，扬长而去。

过了一段时间，国王去打猎，不小心误入森林深处，被食人族捉住了。当晚，食人族准备了柴火，支起了大锅，准备烹煮国王。但是，当食人族清洗国王身体的时候却发现国王少了根手指头，这在族内是大忌，因为他们认为不完整的人是不祥之物，于是他们用特有的仪式把国王送出了森林。

劫后余生的国王回国后做的第一件事情就是去牢里拜见宰相，他激动地说："断了指头果真是一件好事情。"宰相笑了笑，回答："您把我关到大牢里也是好事，陛下您想，如果我不在牢里而是像以往那样陪同您去打猎的话，那么我必死无疑！"

国王终于开悟……

时刻保持冷静，才能有清醒的头脑随时去应对突发情况，宰相的淡然正是他的魅力所在，这种淡然是一个强者必备的素质，自古以来，没有一个冲动莽撞的人能成就大业。

我们常常会因为眼前发生的事而心情突变，就像我们为一个紧急会议而开车出门，突然堵车了，你便会急躁起来，拍方向盘，皱着眉头。但是，这些有什么用呢？既然已经堵车了，那么我们就应该想办法怎样才能不错过会议，如果一个劲儿地着急，只会白白地把时间浪费掉而已，到那时，即使你的后备厢中放着自行车你也来不及骑到公司了。

这就是我们要时刻保持清醒的原因。工作也好，生活也罢，在机会和困难到来的时候不会提前知会你，更不会给你缓冲的时间。比起措手不及，我们当然应该学会保持清醒，在机遇到来的时候第一时间抓住；在困难来临的时候第一时间想到处理办法。

　　当我们遭遇失败和苦难的时候，不要惊慌失措，更不要怨天尤人，而是要保持冷静，坚持努力，一点点去前行，最后将逆境转化为顺境。而处于成功之时，同样也要保持头脑冷静，要明白不仅苦难是人生对我们的考验，成功其实也是，许多人经受住了苦难的考验，却在最后成功的时刻被冲昏了头脑，抱憾终身。在成功和幸运的时候，要不骄不躁，抱着真诚的感谢之心，仍继续坚持努力，使成功得以长期持续。

　　遇事冷静是一门生活的艺术，是一种处世的智慧，更是一种生存的法则。世间有很多事情都是难以预料的，我们不会总活在幸运中，事件突然发生时，着急、发脾气都不能解决问题，只有冷静下来，保持足够的清醒，你才会从杂乱无章的局面中找到转机，一颗冷静的头脑会让你在黑暗中见到曙光。

第四章
做事先做计划,
否则一团乱麻

很多时候,我们明明觉得胸有成竹的事情,到最后却搞得一塌糊涂。许多人把这归咎于意外状况的发生,可是我们制定计划的初衷不就是为了最大限度地应对意外状况吗?

无论是工作还是生活,我们要学会做事前用计划和清单去规划我们的时间,把每天的任务做一个统筹和安排,花上这么一点点时间去规划,却能够让我们的工作和生活变得更好,我们有什么理由不去做呢?

你的计划不周，时间不会为你分忧

每一个伟大梦想的实现都源于具体计划的制定和实施。带我们抵达成功彼岸的不是美好的蓝图，而是具体的计划。而且，很多时候，一个伟大梦想的实现，是不可能一次努力就达到目标的，它需要我们制定很多计划，每一个阶段，每一个步骤，都需要具体而详细的计划。

但其实，在许多人的计划当中，总会有这样或那样的意外情况发生，导致计划的实施出现这样那样的偏差，那么，这种在很多人看来"计划不周"的情况是否能够避免？可能大家给出的答案都是否定的，因为毕竟"计划没有变化快"。有些人会说："不是我不制定计划，实在是我预测不到未来，太多的事情没办法按照计划进行……"

然而事实真的是这样吗？

虽然计划没有变化快，但是计划并非完全没有意义，之所以被打乱，很大的原因在于计划得过于长远。无论变化有多块，计划都应该要有的，因为变化不去制定计划并不是一个好的理由，因为时间不会因为你的变化而慢下来，等着你重新回归。

曾经有一个笑话是这样讲的：既然我吃掉了最后一个面包就

饱了，那我为何还要吃之前的8个呢？这个笑话让人们在大笑之余，不禁会想，其实我们实现梦想的过程不也正是这样吗？没有前面的99步，迈向成功的最后一步便无从谈起。

方文山是周杰伦的最佳拍档，周杰伦曾经说过："没有方文山，我的歌不会这么成功。"方文山的歌词充满画面感，字句衔接宛如电影场景般跳跃，在传统歌词创作的领域中独树一帜。如今，方文山俨然已经是继林夕之后华语乐坛最优秀的词作人。

方文山是电子专业毕业，为了圆梦而在台北苦苦打拼。他做过防盗器材的推销员，还曾帮别人送过外卖，送过报纸，做过中介，做过安装管线工。他最初的理想是当一位优秀的电影编剧，进而成为电影导演，但当时中国台湾的电影行业整体滑坡让他望而却步，只好重新制订自己的梦想计划。

首先，他利用业余时间花了大量的精力在创作歌词上，直到挑选出100多首，结集成册。然后，方文山开始了他的求职之路，他翻了半年内所有的CD内页，找最红的歌手和制作人，把歌词册邮寄给他们，一次寄100份。为什么要寄这么多份？方文山是做了详尽的调查和计算的，估计经过前台小姐、企宣、制作人层层辗转，大概只有五六份能被目标人物收到。

方文山的这一做法在实施了一年之后，终于开始起作用，最终被吴宗宪发掘并赏识，方文山进入华语流行音乐界，并和周杰伦结成黄金搭档，被广泛接受和认可，真正地成为"华语乐坛回避不掉的人物"。

　　看到以上方文山的成功之路，从退而求其次利用业余时间创作歌词，到按计划按步骤邮寄歌词给制作人，这样一步一步按照计划去行动，最终实现了成功。

　　在方文山身上，我们看到了计划对于实现梦想的重要性，只是茫茫人海当中，又有几个能够按照计划生活呢？只能说大部分人都制定过计划，却不能说每个人都在践行计划。或许很多人对于无法顺利执行计划都有这样的烦恼：原计划要做2个小时的工作，中间总会插进来一些杂事，最终没有完成，这难道是我的错吗？可是有些人不管怎样都能够按照计划推进工作，他们难道就没有烦心事吗？

　　其实，很多人都按照计划执行过，但当计划赶不上变化的时候，大部分人会选择放弃计划，这也就是说，大部分人都半途而废了。我们在计划面前，往往有一个非常尴尬的问题，就是事情往往没有我们想得那么简单，而且中间是否有什么突发问题也不是提前可以预料的。但如果不去行动，就永远无法确定计划的可行性。唯有在执行的过程当中，我们才能知道计划是否是现实可行的。

　　我们也可以换一种角度来看待计划：如果你的计划被变化打乱了，只能证明你的计划不够合理。在制定计划的时候，我们应

该要考虑到中间可能发生某种变化，之后再根据自身的情况决定制定多久的计划。如果你不是一个善于坚持的人，那么最好不要制定什么年度计划，缩短到一个星期试试看，或许就容易多了。当你适应了之后，掌握了自己工作的基本规律之后，再把计划做得稍微长远一点，比如半个月，或者一个月。也就是说，制定计划实际上也要凭借经验这样的工具。

约翰·克拉姆博兹教授曾经说过："人的一生以及整个事业都在被不可预期的事件影响着。"所以我们要正确认识计划和变化之间的关系，不要总想着计划不可靠，或者实行到一半的时候放弃，这两种无论哪一种选择都可能会屈服于你的惰性，让拖延成为理由。时间不会考虑你的计划不周，每个人都在不可预测未来的情况下生活着，所以你也没有理由以"意外"来暂停计划，以"计划不周"来拖延时间。

那么，应该怎样做一个计划才能够应对好紧急问题呢？

有一种制定计划的方法叫作"梦想规划法"，如果能在我们的生活中成功应用这种方法，我们就能从根本上提高自己的工作效率。最重要的是，它能帮我们制定出一个个清楚明确的计划，并且为了有效而迅速地实现这个计划，它还能帮我们制定出一个详细的执行方案。

如果你期望在某些领域获得重大进步或者成功，不妨把它们列在笔记本或记录表上。有些人列的少一些，有些人会多一些，数目多少并不影响效果。例如，我期望改变的领域包括：教育、子女、健康、事业和业余爱好，确定之后，先将它们写在记录表上。下一步，在这些领域里你有什么样的梦想、渴望和计划？请把其中最重要的部分也列举出来，然后按重要性的高低将它们排序，把对你来说最重要的梦想放在最前面。做好这些准备后，你就可以开始进行梦想规划了。

当然，计划就算制定得再周详，也只是事前的预测而已，如果中间出现了变动，这个时候就要学会利用那些弹性时间来调整计划了，这样可以避免下次有同样的情况发生。或者在计划进行当中有些项目变化频率相近，那么就把这些计划集中在一起，这样可以提升效率，节省更多的时间。

不过，不管是什么计划，行动力都是最重要的。如果你行动力跟不上你的计划，那么不管你的计划有多完美，都只是空头支票罢了。不要想着计划可以支配时间，要学会让计划配合时间，同时也要行动起来，这样你才不会让所谓的"计划不周"打乱步调。

做事之前，最好先做个科学统筹

很多时候，我们都会有这样的感觉：生活和工作上的事情堆在了一起，感觉成了一团乱麻，毫无头绪，让人抓狂。事实上，这样的局面源于在事情发生之初我们没有及时去做，而在后来的时间里又忘记了，所以事情就越堆越多。

举例来说，你家的洗衣液用完了，你没有马上去买，因为当时你不需要洗衣服，想着去超市的时候可以一起买。但是当你过了几天去超市的时候，面对一堆要买的东西，却没有记录一张购物清单，最后忘记了购买洗衣液，到了该洗衣服的时候才意识到，这样你的计划就被打乱了。

那么，该怎样去避免这种情况发生呢？你就需要用清单来统筹这些事情，我们不妨看看下边这个例子。

小A和小B在同一家公司同一个部门的同一办公室里做着相类似的工作。这天，他们两人面临着同样的一些工作任务：

1. 做下一季度的部门工作计划；

2. 约见一位重要客户；

3. 在12：30分的时候去机场接机，并将接机对象送到酒店；

4. 去一趟医院看牙医；

5. 到银行办理业务；

6. 下班后参加一个重要的聚会。

我们先来看看小A是怎样做的。

因为头天晚上睡得晚，所以小A起床有些迟了，为了避免迟到，他匆忙打车去公司，但紧赶慢赶，最终还是迟了5分钟。

刚进办公室，小A就听到桌上的电话在响，接起来后发现是老板，提醒小A明天上午之前要把下一季度的部门工作计划书交上去。

小A打开电脑，先进入邮箱处理客户和公司的邮件，并打电话一一答复分公司询问的各种问题。回复完最后一个电话的时候，已经上午12点整了。小A急忙从公司赶去机场，因为飞机晚点，小A大约13点左右才顺利接到人，随后将人送往酒店后，一起吃了午饭。

午饭吃得非常匆忙，因为小A和客户约见的时间是14：30分。因为牙疼，在和客户约谈的过程中，小A状态一直不好，双方未能顺利敲定合作细节。回到公司之后，小A刚打算做工作计划，又接到银行的电话，催促小A到银行办理业务。急忙赶去银行，小A又被告知需要再加一份文件，小A气愤不已，与银行工作人员理论许久未果，只得再次返回公司。

等事情都处理完之后，距离下班只有不到一个小时的时间了，小A觉得很疲惫，完全没有心思做计划书，于是和闺蜜打了个电话，聊了一会儿下班后聚会的事。打完电话，看看时间已经差不多快18：00，想到一会儿就要去参加聚会，小A又赶紧打了个电话给牙医，取消了今天的预约。

聚会结束后回到家，已经将近23：00了，小A不得不给自己泡了一杯浓咖啡，然后坐在电脑前继续完成明天上午要交的工作计划。

再来看看小B这一天的工作行程又是怎样安排的。

头天晚上睡觉之前，小B花了几分钟，把第二天需要做的事情在脑海里大概过了一遍。

第二天准时抵达办公室后，小B先给各个分公司回了电话，通知他们将相关的材料通过电子邮件的方式统一发送到工作邮箱，并告知众人，上午不再接受任何其他询问，所有问题他将会在下午的时候进行统一回复。随后，小B先打电话给客户约定了见面的时间，并将见面地点安排在预定好的酒店楼下咖啡厅；之后小B打电话到机场，再次确定班机抵达的时间；最后又给银行打电话，确定需要办理业务的相关手续和需要准备的材料。

打完电话后，小B将之前已经整理得差不多的零碎资料综合起来，开始做部门工作计划书，中途接了几个重要的电话外，其他所有事情都暂停。

中午11点左右，小B带着去银行办理业务需要的一切材料和文件离开公司，因为知道飞机晚点的情况，于是小B先去了牙医诊所，随后才前往机场接机。将人送到酒店后，两人一块吃了午餐，然后小B告辞离开，到楼下咖啡厅与客户见面，双方谈得十分愉快。与客户谈话完毕后，小B直接前往银行办理业务。

回到公司后，小B打开邮箱，将各分公司发送来的邮件进行统一处理和安排，并一一回复各分公司提出的各种问题。

17：30分，小B接到朋友打来的电话，提醒他记得按时参加聚会。此时，小B已经顺利处理完一天的工作，和朋友闲聊了几句后，到洗手间简单打理了一下自己。下班后，小B神采奕奕地前往聚会。

晚上回到家大约23∶00，小B洗完澡，放着音乐给自己倒了一杯红酒，并在睡前把第二天大概要做的事情都在脑子里过了一遍。

同样的时间处理同样的工作，小A应接不暇，甚至还需要晚上回去加班，而小B却游刃有余，轻松完成。导致这一差异的，不是双方之间实力的差距，而是双方对时间的统筹与安排。

很多人觉得生活太忙碌，每天都焦头烂额，疲于应对。即便下班回到家，就算是在睡觉前，我们都无法安然入睡，总想着明天还有一堆事情等着自己去做，等着自己去安排。因为这样，我们休息也休息不好，总是觉得事情很多，又不知从何入手，这些事情塞满了我们的脑袋，让我们变得疲惫不堪。而这样的表象之下，隐藏着我们时间统筹方面的致命弱点。

既然找到了问题的源头，就容易解决了，只需要找到统筹时间的方法。不过对于有的人来说，这是最困难的一件事情了，因为想要把事情排好顺序，理出一个脉络，就像是在一团乱麻中找出一个个线头，而且有时就算找到了症结所在，也可能抓不住，最终更加混乱。

事实上，每个人都有很多事情，但是那些懂得管理时间的人，知道将事情进行统筹安排，头脑里有一个清晰的脉络，自然

也就心里有底，知道先做什么，后做什么，有了安排，心里自然也就安然许多。而你如果不懂得对事物进行一个统筹安排的话，那么工作就成了一团乱麻。

如果是这样的话，解决起来其实很容易，一个记事本就能够解决。这也就是说，你的待办事项可以用记事本列一个清单，之后再按部就班地按照这个清单去执行，这样你的生活才有规律可言，你才能比较轻松。不要总是在事情临近的时候再去列清单，那样是本末倒置的行为，因为清单是一个起点，而不是终点，我们不是为了列清单而去做，而是为了处理事情才去列清单。

那么，具体来说我们应该如何做呢？你可以参考以下的几个步骤。

1. 清单一定要清晰明了。

如果你的清单做不到清晰明了，那么这个清单就是没有意义的。简而言之，我们可以将清单分成几个框架，然后将相应的事务填充进去，比如有的区域用来记录你接下来要处理的工作；有的区域记录你"灵光闪现"时的想法；有的区域用来记录你想要做的事情，等等。这样一来，你的清单就非常明了，而且所有大小事务都能涵盖其中。

也就是说，你需要将待办事项全部分解成需要去做的步骤，这样你的清单才有效，在看清单的同时，你才知道应该要去做些什么。

而在你知道要做什么之后，还需要明确其中的重点是什么，也就是说最重要的事情是什么，这是非常重要的。统筹安排也就是说你要知道自己做事的一个顺序，如果顺序颠倒，那么你还是会感觉时间不够用，还是会觉得混乱。你要学会找到最重要的事情，标上一个符号，然后率先处理这样的事情。

2. 养成列清单的习惯。

模式是非常重要的，形成一种模式，你才能在最快的时间里完成清单的制定，事情的统筹安排。如果你每天一种记录方式，那么你就需要每天习惯一次。所以你要形成一种记录习惯，用固定的模式来拟定清单，这样不管是在记录还是在实施的过程中都会方便省时。

3. 要学会回顾和总结。

我们可以一周，或者是几天回顾一次自己的待办事项清单，即便有些事情已经不再是"待办事项"了，之所以要这样做，是因为有些时候清单中的待办事项并不一定能够全部完成，我们回顾就是为了要找出没有办完的事情，以及看看自己的完成度如何。这便于我们接下来的时间安排，而且也能通过这个过程总结经验，让我们的待办事项清单越来越成熟。

列一张清单，把每天的任务做一个统筹和安排，并不是什么难事，可以说是举手之劳，但是花上这么一点点时间，却能够让我们的生活有所改变，那么我们有什么理由不去尝试呢？

将流程优化，剪除不必要的枝丫

生活中，不管我们做什么，都不能"眉毛胡子一把抓"，而是要做到分轻重缓急，井井有条。尤其是做事的流程，是相当重要的，而什么样的流程是最好的，就需要我们来制定了。有些人觉得自己的工作总是那么复杂，其实并不是你的工作复杂，而是你没有学会制定一个最佳流程。

很久以前，有两个农夫住在相邻的两座山上，这两座山上都没有水源，如果要用水，就必须每天早上下山到两座山之间的溪流里取水，时间久了，这两个农夫也因为总是在挑水的时候碰面，成了好朋友。

后来有一天，左边大山上的农夫一连三天都没有碰到右边山上的农夫，他不禁疑惑起来，非常担忧："难道他病了吗？三天不打水，要怎么生活呢？"

出于担心，他第一次爬上了右边的大山，去探望右山上的农夫。一路上，他设想了很多种可能，也做好了照顾好友的准备，但是让他没有想到的是，他到了右山农夫的家时，自己的这个朋友一点病态都没有，好好地在院子里浇花呢！

左山上的农夫问道："你都三天没下山挑水了，哪里来的水浇花呀？"右山农夫看见自己的朋友来拜访自己，也吃了一惊，不过他还是马上反应过来，回答了朋友的问题："因为我有了更便利的打水方式，这样我打水就方便多了，不用那么紧巴巴地用水，也有更多的时间做我喜欢做的事情了，就算足不出户，也可以随时用水。"

左山农夫听朋友这样说，更是感觉不可思议，于是继续问道："足不出户就可以用水？你是怎么做到的？把这个秘诀也告诉我吧！"

"跟我来吧。"说着，右山农夫将朋友带到了一口井旁边，说道："虽然我住的这座山上没有泉水，但是有地下水，我挖了一口水井。有了井之后，我就可以直接从井中取水，就不用大老远跑到山下打水了，不用那么耗时耗力，可以节省出时间做自己想做的事情。"

左山农夫觉得这个办法实在是太好了，回到家之后他也在家中的院子里挖了一口井，这样一来，两个人就再也不用每天辛苦下山打水了。

很显然，原本两个农夫每天爬山、下山的路程实际上非常浪费时间，通过挖井对取水流程进行优化之后，两个农夫的生活都得到了改善。其中的原因很简单：优化后的流程节约了更多的时间，让两个农夫可以把精力花在更有价值的事情上。

如果我们知道在事前先花上一点时间制定一个最佳流程，那么工作就会变得很简单，时间也能充裕起来，你才会有更多的闲

暇去做更多的事。

首先，我们要为每项任务制定一系列具体的目标。具体做法是：先确定你的一项任务，然后为了完成这项任务，制定几个具体的二级目标，将它们列在纸上，然后，我们要为每个目标单独留出一页，在每一页列出为了实现这个目标所需要实施的步骤。将这部分内容统称为"实现目标的步骤"。

下一步，你需要找出那些包含多项流程的较为复杂的步骤，并且为其中每一个步骤单独规划，列出实现这个步骤所需要的流程。把它们统称为"实现步骤的流程"。

最后，为列出的每个任务和步骤设定一个完成期限。写完之后，你就可以开始实施了。

运用这种方法我们可以把很多看起来杂乱无章的任务分解为一个一个具体的小任务，每次只需要完成一个小任务，或者一个目标，从而循序渐进地实现你的所有梦想。不仅降低了完成工作的困难程度，更重要的是，这样的计划让我们不再停留在憧憬的阶段，而是立刻开始为梦想而行动，对于一个计划而言，"立刻开始行动"是最重要的，没有这一步，所有的计划和任务都不可能成为现实。

通常，我们如果制定一个最佳工作流程的话，那么很多东西就可以进行量化，也方便你对任务的完成度有量化的评估，对每个部分都可以做到心里有底，也方便你对即将进行的工作进行分类排序。这样工作起来有效率，你也不会总觉得被工作追着跑了，工作压力自然也会减轻。在这样的思路指导下最终形成的最佳流程，可以优化你工作中那些不必要的环节，减少各个环节衔接等待的时间，这样那些浪费掉的时间就节约下来了，而你也会轻松许多，也不至于总是忙忙碌碌又看不到工作成果了。

这样的思路对于那些流程复杂的工作特别有用，比如那些完成一个项目需要经过很多环节的工作，就如同是一条生产线，每一个环节都是非常关键的，如果你负责的是整个项目，那么你就需要将关键流程提炼出来，才能让条理更加清楚，才便于你对项目进度的追踪，也便于你消除一些无所谓的小问题。

对于一项工作而言，重要的是我们需要达到什么目的，而不是过程。实际上，我们需要做的仅仅是做一个最佳流程，精简掉不需要的部分，然后再去做，这样一来我们就能够省时省力地达到目的了。

我们一定要明白，优化流程的精髓在于提炼出每个流程的重点，抛弃那些可以忽略的东西，尽可能让每个环节之间的衔接快捷自然，这样你才能从根本上提高效率，节省时间。一旦我们将这种优化流程的做法变成自己的一种工作习惯，我们的工作自然就能够做到轻松高效。

三思而后行，避免无谓试错

假如在你面前，有一个膨胀螺栓和一张关于如何安装膨胀螺栓的说明书，请问你认为自己能顺利安装吗？相信很多人会肯定地回答："会，当然会！多简单的事啊！"但果真如此吗？事实上，在大多数情况下，80%的人不会将膨胀螺栓拧好。

生活中我们经常会遇到这样的人：他们不肯去认真阅读产品说明书，而是像"无头苍蝇"一般瞎摸索一气，甚至会在失败N次之后，才想起看说明书，然后恍然大悟。也许有人会说"失败是成功之母"，多尝试又有什么错呢？

但你想过没有：我们为什么要做这些毫无意义的试错呢？为什么不第一次就把事情做对？虽然并不是每件事情都有"说明书"来供我们参考，但是至少我们可以结合自己或者别人的经验去做出判断，这起码可以让我们避免陷入不停改错的恶性循环中，因为那毕竟既浪费时间又浪费精力。

有一家工厂主要生产火车上的小挂钩，但是产品的销量非常不好，厂长绞尽脑汁想了很多办法，仍然不奏效，眼看就要出现经营困难，这时候，一位新来的产品经理自告奋勇要查清楚销量不好的原因，厂长同意了。

这个产品经理亲自跑去考察了几家主要客户的实际情况，目的是要真正了解客户的具体需求，结果客户说的话让他大为意外："只要你们的小挂钩安在火车上，马上可以跑，多拉快跑，就这么简单！"

原来，近几年火车制造技术日新月异，新标准不停地推出，加上原有旧的火车也还需要配件来维修替换，就导致许多零件的生产标准有差异，在厂子里面做好挂钩后再运到客户那里安装，往往会出现问题，挂钩不是大了就是小了，根本安不上去。而技术人员拿回挂钩修补、打磨往往需要一个星期，有时甚至半个月、一个月。如此几次之后，客户自然就流失了。

后来，产品经理开始在每个挂钩型号生产之前都派专门的技术人员实地测量客户所需挂钩的大小，然后在流水线上严格把关挂钩的大小，保证一次就能安装成功。这样一来即安即用，质量可靠，使客户省去不少麻烦事，销量也很快就提高了。

我们都知道有句成语叫"三思而后行"，意思是说凡事做之前要多动动脑子想一想，这是一种对工作顺序的整理，也是对工作思路的整理，这一点是非常重要的。有些人之所以做事低效，原因就在于缺乏思考，轻率行事，从而白白把时间浪费在无谓的"试错"上。

在工作中，你是否有过这样的经历：自己的确有才华和能力，又抓住了机会，但因为光知道在那里埋头苦干，懒于思考、不会思考，结果总是做不对事情，不仅使自己忙个不停，还使公司其他人随你一块儿忙？其实要想提高做事效率，最重要的一条就是做事时多思考，分析好事情的轻重缓急再干，第一次就将事情做对，把该做的工作做到位。

在一次访问中，戴尔·卡耐基先生向身为哥伦比亚大学的院长，赫伯·郝克提问说道："要处理这么多学生的问题，你一定要随时做出许多决定。但是，你看起来十分冷静、从容，一点都显不出焦虑的样子。请问，你是如何做到这一点的？"

"其实十分简单。"郝克院长回答道："就是要学会'先考虑一下'。在工作中，我通常会事先收集好各种相关资料，然后尽可能多的去研究与问题有关的所有资料，虽然这很费时间，但我认为这是相当重要的一步。事实上往往是等我研究完毕之后，正确的方法便产生了，所以虽然我日常被诸多事务缠身，但总能有条不紊地解决任何问题。"

从某种意义上来说，少出差错，就是多出成绩，就是节省时间；不出差错就是创造效益。第一次就把工作做好，代价最小，收益最大，是最高效的工作方法。遵循了这一法则，我们的工作质量就能不断提高，工作效率就能不断提升，自我价值得到更完美的体现，最终必将在激烈的竞争中脱颖而出。

在日常工作和生活中，我们一定要明白，事情往往不在于你怎么做，起决定作用的是你怎么想。不怕事情繁杂，就怕盲目去做。明白了这个道理后，你就会发现，一些问题本来就很简单，只是让我们搞复杂了。当你接收来自别人安排的工作任务时，一定要学会先"三思"，仔细分析这个任务，并就不清楚的地方询问，切忌不懂装懂、随性而为，而使工作结果出现偏差，造成不可挽回的失误。

一定要给自己一个"截止日期"

曾几何时，我们渐渐习惯了期待，我们忍受无趣的生活，期待着更美好的时光；我们忍受着工作的枯燥，期待着事业有所起色；我们忍受着清贫的生活，期待着自己早日财务自由……可惜，如果我们只是在原地等待，美好的生活并不会主动向我们走来。

庆祝生日的时候，我们总喜欢许个愿望，看到流星飘过的时候，我们也喜欢赶紧许一个愿望。这其实是人们内心渴望心想事成、愿望成真的美好期盼。但在很多时候，有些人会把愿望和目标混为一谈。比如生日许下的愿望是："希望父母家人身体健康。"这样的美好愿望只是一种期许和祝福，是不需要期限的。而比如"希望今年考过英语四级"这样的愿望，要当做目标来对待，也就是说，不是在脑海里想想就行了，而需要一个实实在在的计划，以及何时完成的期限。

生活中，喜欢制定目标的人虽多，可是我们仔细观察就会发现：有不少人制定的所谓目标，仅仅是给自己的一个心理安慰，甚至只是一个美好的期许。因为他们在装模作样信誓旦旦地制定目标时，根本就不打算给这目标一个确确实实的期限，这样的

"目标计划"，不制定也罢。

一个没有完成期限的梦想，只能算是空想，必定是遥遥无期的。其实这是件挺奇怪的事情，在日常生活工作中，我们常常被各种各样的截止日期裹挟着忙忙碌碌，四处奔波，生怕手头的任务超过了完成的截止日期，而引发不好的后果。而我们却偏偏忘记给自己的梦想加一个截止日期，反倒让自己的梦想期限因为一些琐碎的事情而不断推迟。

我们为何不能给自己的梦想制定一个截止日期呢？在文学和商业领域，其实截止日期这个概念有着非常神奇的作用，我们甚至可以说，截止日期这件事堪称人类的一大发明，如果太多的事情没有截止日期，这个世界前进的节奏说不定都要变慢许多。

著名作家克里斯·巴蒂曾经写过一本《30天写小说》的书，书中介绍了如何给自己定下写一本书的目标，并且在30天内无条件去完成。

这本看上去普普通通，貌似就是一本写作技巧的工具书，但却在众多文字工作者中以及网络上引起了轩然大波，大家纷纷自发组织起活动，真的把这本书的名字《30天写小说》付诸了行动，并且衍生出了30天作品比赛等赛事，最后涌现出了一批精彩的作品和优秀的作者。

当然，这本书引发的最大讨论，是在于"截止日期"这个概念，大家没有想到，强行给创作这件事加上截止日期之后，按时完成竟然并没有想象的那么难，甚至会在这个过程中激发出平时轻松状态下不可能出现的灵感。

书中有这样一句话："阻碍人们实现文学创作梦想的并不是缺乏天赋，而是缺乏截止日期的压力。只要给自己制定一个宏伟的目标，有一个和谐的环境和适当的期限限制，奇迹就会发生。"

生活中，很多人也喜欢制定自己的目标，其实在生命的各个时间阶段，每个人也都会有自己的人生目标。只是我们在制定了目标之后，也仅仅是一个目标罢了，并没有为了达到这个目标，同时制定一个截止日期，这也正是太多人生目标遥遥无期的原因所在。

美国有一个名叫乔治·格什温的作曲家，他从来没有写过交响曲，而当时美国最著名的斯坎德爵士乐团的著名指挥家，却非常欣赏他的作品风格，想尽办法联络上他，并且专程拜访，邀请他为交响乐团写一部交响曲，那位指挥家认为，以乔治·格什温的风格，写出来的作品定然非同凡响，能够给无数观众带来一场音乐盛宴。

令人万万没想到的是，固执的格什温声称自己对交响乐一窍不通，就算是要写，出于对艺术和自己名声的负责，也会一步一个脚印，在摸索中去探索和了解交响乐，如果要拿出成熟的作品，至少要一年时间。

而指挥家却不这么认为，他既不接受乔治·格什温的这番说辞，也等不了一年，他认为以乔治·格什温的才华，绝对能够很快写出优秀的交响乐。为了达到自己的目的，这位指挥家竟然脑洞大开，在报纸上刊登了一则广告，说20天后，音乐厅将上演格什温的交响乐《蓝色狂想曲》。

格什温看到广告，看到杜撰出来的这个不知所云的交响曲名字，大惊失色，跑去质问指挥家为何要做出这样的事情，这样一来，如果20天后不能完成作品，不是让自己出丑吗？

指挥家倒是淡定，他给了格什温一个高深莫测的微笑，说："反正这下全城人都知道了，你看着办吧。"格什温思前想后，实在是没辙，只好将自己关在屋子里，两周时间足不出户，不眠不休，硬是在20天之内完成了这部作品，交响乐按时上演。不料这演出竟然大获成功，格什温的名气瞬间提升了很多，他对这位指挥家的态度也由愤怒转变为敬佩和感激。

我们的人生又何尝不是如此呢？人们总是对已经拥有的过去不忍放弃，对舒适平稳的生活恋恋不舍，甚至思维模式陷入僵局而不自知。但是，在关键的时刻，如果把自己置身于人生的悬崖边上，那他的人生就极有可能有所突破，因为，在看似深渊的边缘，才有可能获得更加广阔的天地。

有些时候，我们的一时懈怠，可能就会与成功失之交臂，因为，机会从来不会等待你的准备。人生之路上，我们确实需要多给自己制定一些"截止日期"，从而使自己获得重生，让生命之树开出更加绚烂的花朵。

我们的人生经受不起一再蹉跎，时间就是生命，机会永远留给有充分准备的人，就像公交车一样，有它的运行时刻表，如果车已经来了，你还没有抵达站台，那么你上车的概率永远都是零。机会更是自己努力换来的，就像超市做活动降价的商品，不可能排队的所有人都能买到，如果你不去努力往前挤的话，那么你很可能就会失去购买的机会。

"是金子迟早会发光"的话没有错，但如果发掘的人都已经走了，你还没有开始发光，那就别怪别人没有发现了，不妨给自己一个"发光"的期限，用"截止日期"给自己创造一个机会，说不定人生也会随之改变。

强者从来不会让自己的人生陷入散漫，而是自己主动去给自己施压。"莫等待，白了少年头，空悲切。"东风也许不会为你吹起，但你可以去追赶东风，在东风结束之前，赶上自己人生的风口。

给你的梦想一个截止日期吧，无论你的梦想有多么宏伟和遥远，你都可以去给它一个期限。比如可以将太大的梦想分成很多个阶段，先从第一阶段开始做起，给每个阶段一个截止日期，然后坚定地去执行和完成。如果你真的这么做了，说不定，你的梦想很快就能实现。而如果你的梦想永远都没有行动计划，也没有截止日期，那你的梦想也必然会永远拖延下去。

第五章
如果什么都想顾全，
那只会丢了时间

如果你想让工作和生活变得高效，就一定要学会让自己变得简单，只有简单了，你才能用省下来的时间与精力做好那些重要的事情。

一个人的能力是有限的，不要试图让自己做到"面面俱到"，找到最重要的那百分之二十的工作，并且优先去完成它们，你就能够在不知不觉中成为自己时间的主宰者。

完美可以追求，但千万不要苛求

一个贫穷的渔夫从大海里捞到了一颗非常漂亮的珍珠，他高兴极了。但遗憾的是，珍珠上面有一个小黑点。渔夫心想，如果能把这个小黑点去掉的话，这颗珍珠就完美了，将成为无价之宝。于是，他把珍珠去掉了一层，但是黑点仍在。再剥一层，黑点依然在。最后，黑点没有了，但珍珠也不复存在了。

这是一则简单又充满了启迪的寓言，要知道在这个世界上，十全十美的东西是不存在的，如果你过于苛求一件事情，最后的结果就只有一个可能：搞砸。

道理虽然简单，可是现实生活中，其实很少有人能真正理解。在我们身边有着太多"完美主义"的人，他们注意细节，做事务求尽善尽美；要求规矩、缺乏弹性，容易陷入定势思维；不敢冒险，不愿尝试新的东西，行事谨慎，力图成功；对自身期许过高，甚至苛求自己，不能原谅自己任何哪怕是小小的失误……

那么，追求完美主义的结果是什么？想必很多人也有着亲身体会：由于精神极度紧张而难以胜任工作；经常自咎自责，剥夺

了自己的生活乐趣；总是因发现自己的缺点而惶惶不可终日，常常感到目标过高而信心不足，以至无法行动起来等。是的，一开始就以完美为目标，会让人心情变得沉重，更何况生活本来就无法完美。

相信不少人有这样的感受：特别想要整理房间，收拾起散落一地的课本，痛快地丢掉堆在桌上的文件，紧接着又去整理起抽屉里的文具……当书桌周围开始变得整齐时，又看着书架上的书摆放不整齐，于是重新去排列和分类……总之，一开始整理就停不下来，看哪儿都该整理，结果陷入"整理不好"的恶性循环。

这其实正是过分追求完美的病态心理，当你刚对整理房间有所感悟时，采用这种方法对改变现状确实有点作用，但如果你总希望自己的每一件物品都妥善整理，那就会得不偿失了。

其实，任何事都会有"瑕疵"的，你的完美主义成了一种苛求。事事顺心，步步高升的工作；花前月下，风花雪月的爱情；无忧无愁，呼风唤雨的生活……这些完美只是你心中的一个梦，工作总会面临挫折，爱情总会面对柴米油盐，生活总会有喜怒哀乐，完美只存在于人的想象中，如果只为了一个想象而偏执地去追求，那么最后也只能在光阴蹉跎中悔恨而已。

一个老人有两个儿子，大儿子是个老实人，小儿子聪明无比。两兄弟长大成人后，老人把他们叫到面前，说："现在你们成年了，应该去外面闯一闯，对面的深山中有世间最珍贵的宝藏，精美无比的玉石，你们去寻找吧，如果找不到就要一直找下去！"两个兄弟告别了父亲，背上干粮出发了。

老大低着头上路了，他每走一步都会低头看看路边，就那样一路走一路捡，不管是小玉石，还是带着瑕疵的玉，甚至连奇形怪状的石头，全都装进自己的行囊中。就这样，他翻过了崇山峻岭，终于在两年后到达了与弟弟约好的地点。只见弟弟一脸失望，显然他根本没有找到精美无比的玉石，他把哥哥行囊中的玉石倒了出来，看完之后说："根本不是这些东西，这哪里是什么精美的玉石呀！"

老大低头看看，说："我们找了两年都没找到，就把这些带回去吧，说不定玉石就在其中我们认不出来呢！"

老二摇了摇头："开什么玩笑，这些破石头拿回去也会被父亲骂出来的！你想回去就回去，我一定要找到最珍贵的宝藏玉石。"

老大见说服不了弟弟，于是自己带着一行囊的石头回家了。父亲看完这些石头，说："你可以开一家玉石馆或是奇石馆，那些玉石只要加工一下，都能够成为稀世之品。"老大听了父亲的话，很高兴，马上开了家奇石馆。不到一年的工夫，他的奇石馆便扬名四海，连国王的玉玺也是找他定做的，老大获得了很大一笔财富，父亲也很满意。

几年后，父亲生病，他把老大叫到床边说："你弟弟当初说找不到美玉就不回来对吧？看来他回不来了，因为他是个不合格的探险家，深山中根本没有什么世上独一无二的美

玉，完美在这个世上是不存在的。"

"那我把弟弟找回来。"老大说。

"不要去找了，这么多年他都没有领悟到，回来又有什么用呢？他如果有一天能悟出这个道理是他的福气，如果悟不出那他也会为此付出一生的代价。"

一个人追求完美并没有错，但一定要去判断这个完美是否真实，世界上并没有那么多的完美，你执着地追求不存在的东西只会把身边原本的幸福丢掉。面对生活，不完满才是最真实的，才是最值得我们去珍惜的。

我们一定要明白：追求完美只是一种手段，完美本身并不是目的。真正的目的应该是用追求完美的态度更好地生活、工作下去，而不是成为一个"完美主义者"，处处吹毛求疵跟自己过不去。所以，当我们对于完美的追求已经远离它的实际意义时，就及时地喊"停"吧。

为小事纠结，大事哪有时间解决

美国作家梭罗曾经说过这样一句话："我们的生命都在芝麻绿豆般的小事中虚度，毫无算计，也没有值得努力的目标，一生就这样匆匆过去了……"著名的心灵导师戴尔·卡耐基也认为：

"许多人都有为小事斤斤计较的毛病。人活在世上只有短短几十年，却浪费了很多时间，去为一些一年内就会被忘掉的小事而发愁。"

你常遇事小题大做，为一些小事耿耿于怀吗？你想过后果吗？

先来看一个故事：在科罗拉多州长山的山坡上，躺着一棵大树的残躯，在它400多年的生命里，曾被闪电击中过14次，被无数次狂风暴雨侵袭，它都坚持了下来。但是后来，一小队甲虫的攻击使它永远倒在了地上。那些小甲虫虽然小，但它们从根部向里咬，持续不断地攻击，渐渐损伤了树的根基。

我们不就像森林中那棵身经百战的大树吗？我们也经历过生命中无数狂风暴雨的袭击，也都撑过来了，却总是敌不过小甲虫的侵蚀——那些用大拇指就能捏死的小甲虫。回想一下，你是否因为在上班的途中遇到堵车，烦躁随之而来？你是否因为不小心被人踩了脚，整天心烦意乱？……

难道你甘愿被这些烦恼困扰并压垮吗？不，你要想办法解决它，摆脱它。一个简单的办法就是，将那些小事抛到九霄云外去，不去想，不在乎。前面我们已经说过多次，我们的头脑就像一座空房子，房子的面积是有限的，把那些烦恼的小事"扔出去"，内心和思想才能不被侵占，不受困扰。

　　你每天都在烦恼什么？把你的烦恼整理出来，你会发现，每天那些烦扰我们的90%以上都是小事。不过，有些事情我们在经历时总也想不通，直到生命快到尽头时才会恍然大悟。也就是说，发生一些重大事故时，我们会彻底醒悟过来，当初为一些小事斤斤计较是多么没有意义。

　　有这样一个富有戏剧性的故事，主人公叫罗勃·摩尔。

　　1945年3月，罗勃和战友在太平洋海下的潜水艇里执行任务。忽然，他们从雷达上发现了一支日军舰队朝他们开来，他们连续发射了三枚鱼雷但都没有击中，便只好潜到45米深的海下，以免被对方侦察到。

　　对方不断地投下深水炸弹，有十几二十个深水炸弹在离他们15米左右的地方炸开。若深水炸弹离潜水艇不足5米的话，潜水艇就会被炸出一个洞来。罗勃吓得无法呼吸，不断地对自己说：这下死定了。潜水艇的温度有摄氏40度左右，可罗勃却害怕得浑身发冷，不断冒冷汗。

　　整整15个小时后，对方才停止了攻击，很显然，那艘日军的军舰用光了所有的炸弹。这15个小时，罗勃感觉好像有一千五百万年，过去的生活一一在眼前出现，他记起来曾经担忧过的那些很无聊的小事，他对自己发誓："如果还有机会看到太阳和星星的话，一定不再为小事而烦恼。"

　　"如果还有机会看到太阳和星星的话，一定不再为小事而烦恼。"这是经过大灾大难才会悟出的人生箴言！生命是无价的，任何代价都换不来生命。所以，当被一些事情蒙蔽，感到生气、焦躁或是不安的时候，不要急着往前冲，不妨整理一下思绪，把心放平，把心放宽，不作计较。

"智慧的艺术，就在于知道什么可以忽略"。哈佛教授威廉·詹姆斯如是说："天才永远知道可以不把什么放在心上！"是的，每天我们会经历许多人和事，有开心的，有郁闷的，如果你像过电影一样每天来一遍，不焦虑才怪。所以，生活要放轻松，该放下的就要放下，该忘记的也要忘记。

荷马·克洛伊是美国一个著名的作家，他常在纽约的一所公寓里进行写作。公寓楼道安装的是声控灯，经过的人为了照明，不是跺脚，就是击掌，然后又是一阵照明灯"吡吡"的声音——这些声响令克洛伊很是烦恼，他坐在书桌前常常烦躁得直叫，写作也很难进行下去。

有一天，克洛伊和几个朋友一起去宿营，当他听到木材烧得很响时突然想到：这声音和照明灯的响声一样，为什么我会喜欢这个声音，而讨厌那个声音呢？回到家后，他对自己说："火堆里头的爆裂声是一种很好听的声音，照明灯的声音也差不多，不去理会这些噪音就可以了。"

后来，克洛伊真的做到了，他不仅再没有被照明灯烦得发疯，而且还写出了许多优秀的作品。

为小事烦恼是不理智、不聪明的，最关键的是，这些小事情小烦恼，往往会占用我们大部分的时间，或者是间接浪费我们许多的时间，这样对于我们的生活而言没有任何好处。因此，我们不妨想想看，是不是到了该"大扫除"的时候了？

你不是什么事都可以面面俱到

在这个充满机遇与挑战的社会中，人们每天都忙得晕头转向，无论做什么事都要亲力亲为，恨不得把自己劈成几半，或者拥有三头六臂。其实，即使再优秀的人，在精力和体力上都是有限的，每天把自己当成超人一样，只能让自己压力越来越大，最后不但不能快步走向成功，反而会越走越慢。

我们有时会感叹时间如流水，不舍昼夜，为什么时间过得那么快？为什么有那么多事情要去做？但是仔细想来，我们要做的事情真的有那么多吗？看看身边的人，有些人似乎过得非常悠闲，这样的人似乎生活得及其简单，我们在羡慕的同时，是否也该思考一下呢？我们难道不可以这样生活吗？

举个很简单的例子，我们去游乐场为的是散心，对于一些娱乐设施，我们只是有选择地游玩，如果把每个娱乐设施都亲自体验一遍的话，那只能拖着疲惫回家，我们去游乐场休闲的目的也就本末倒置了。人生也是这样，我们的人生不可能做到尽善尽美，也不可能面面俱到，平淡从容的幸福才是每个人追求的目标。

　　汤玛士·华生是IBM公司的前总裁，是美国商场上呼风唤雨的大人物，他非常热爱自己的工作。

　　后来，在任职期间，汤玛士·华生被诊断出罹患心脏病，医生建议他要多注意休息，但他仍不知疲倦地坚持工作。

　　一段时间后，在一次工作中，华生突然旧病复发，他被送往医院进行治疗。

　　医生检查后，严肃地对华生说："我认为，你现在必须马上住院治疗，如果再耽误的话，将会有生命危险。"

　　华生一听，如晴天霹雳，他立刻焦躁地说："我们公司可不是小公司啊，我每天要忙个不停，还有忙不完的工作等着我，我怎么能安心住在医院呢！"

　　医生无奈地看着华生，没有再进行劝说，只是邀请华生一起出去走走。虽然华生不明白医生的意思，但他还是接受了邀请。

　　当两人走到郊区的一个墓地时，华生更不明白医生到底想做什么，他困惑地看着医生。

　　医生指着坟墓，轻轻地说："你我总有一天要永远躺在这儿，是不是？那时候，因为你的离开，公司就不照常运作了吗？公司就会关门大吉了吗？"

　　听完这番话后，华生站在那儿沉默不语，思索良久，"是啊，我离开了，我的工作会有人接手来做。公司不是我的全部，我离得开公司，公司也可以离得开我。"

　　第二天，华生便写好了辞职申请，洒脱地离开了自己热爱的工作岗位，并住院接受治疗。

　　在医生的救治下，华生很快康复出院，但是身体健康的华生并没有回到IBM公司继续供职，而是选择了一种闲云野鹤的生活。

　　当然，华生离开后，IBM仍旧保持着良好的发展，把持着电脑界的霸主地位。

　　每个人的精力和能力都是有限的，你像个超人一样整天忙个不停，结果只能让你的工作效率越来越低而已。而且，一个好的管理者不但要让公司在你的领导下蒸蒸日上，更要保证公司离开你后还可以照常运转，因为我们不是超人，把所有的一切都包揽在自己怀中，只能心力交瘁、苦不堪言。

　　其实很多事情在于我们的选择，并非我们做的所有事情都是有必要去做的。我们的一生非常有限，想要体验不同的生活，想要享受各种各样的乐趣无可厚非，但是当我们每一分、每一秒都用在体验各种各样不去做也没关系的事情上，那么生活还有享受可言吗？

　　每个人都有自己的角色，所以我们把属于自己分内的事做到最好，然后再适当地扩展，去学习一些经验，这才是正确的做法。总有些人却喜欢扮演多种角色，把自己弄得身心疲惫，越来越感觉到沉重，不但什么也做不成，反而连自己分内的工作效率都降低了。

因此，我们要懂得放手，扮演好自己的角色的同时也要会享受生活的乐趣。一般想要面面俱到的人反而会"面面不到"，你把全部精力都放在公司之中，没日没夜地工作，把自己压得喘不过气来，可你的身体怎么办？家庭怎么办？为了家庭的幸福而工作，结果因为工作丢了家庭多么的不值得。

放松自己的心态，从容淡定的去生活，安然洒脱地过日子，很多时候顺其自然之后反而会水到渠成。告诉自己：我不是一个超人，大包大揽不如放手，"指挥家"往往比"实干家"的人生更幸福。

1984年，创立"戴尔电脑公司"的时候，19岁的迈克尔·戴尔还是一名得克萨斯大学的学生。

由于戴尔习惯了晚睡晚起的作息时间，而他又是唯一一个有公司钥匙的人。所以，对戴尔来说，每天必须早起是一件非常痛苦的事情。

只要戴尔睡过了头，一到公司附近，他就会远远地看到二三十个人在门口闲晃，等着自己来开门。那时候，戴尔公司很少在九点半以前开门。

后来，戴尔经过思考之后，决定把公司的钥匙交给了别人保管，这样一来，公司的开门时间终于能够准时在九点钟

了。

当然，戴尔要交出去的，还不只办公室大门的钥匙。

有一次，戴尔正在办公室忙着解决复杂的系统问题，有一个员工走进来，说："经理，我的硬币被可乐贩卖机吃掉了，真是不幸。"

戴尔抬起头来，很不解地问道："这种事为什么要告诉我？这是一件很平常的小事情啊！你就不要生气了。"

员工有些委屈地说："为什么我不能向你诉苦呢？这是很小的事情，可是贩卖机的钥匙一直是你在保管的啊，所以我才来找你呀！"

戴尔这才明白，员工来找自己，不光是来抱怨的，而是没有钥匙打开贩卖机，硬币是拿不出来的。于是，他把自动贩卖机的钥匙也交给别人保管了。

渐渐地，戴尔开始运用方法把"所有权"的概念灌输给员工，激发员工全部的潜力，进而提升了员工对公司的热忱和忠诚度。

戴尔身为一位领导者，把公司的每把钥匙交给员工的过程就是一个放权的过程。很多的领导者都不懂得怎样管理，他们以为时时处处做到了，公司就会有一个良好的运营。但是，他们错了，这样亲力亲为只会让自己更累，而且还会让员工没有归属感，如果把权力分配，领导者自己轻松了，员工也有了归属感，"众人拾柴火焰高"，公司也会有一个良好的发展。

我们的生活和工作同样也是如此，无论你的能力有多大，地位有多高，你只是一个人而已，必须承认自己的能力是有限的，不要试图让自己做到"面面俱到"，更不能硬撑着去"打肿脸充胖子"。放下一些没有必要亲力亲为的事，你会发现，你本来觉得很烦琐的工作变得简单了，你本来觉得很疲惫的日子变轻松了。

了解一下，很有用的"二八定律"

意大利经济学家弗雷多·帕累托发现并创立了"二八定律"，也叫帕累托定律。这个定律的意思是说，如果将所有的事情都以100%来表示的话，那么我们就可以说，80%的结果都由20%的时间来完成。比如商业经营中，80%的利润往往是由20%的客户创造的。

类似上面的例子在不同的领域还有很多，总而言之就是，在任何特定的群体之中，大部分因子都是不重要的，真正起到决定性作用的往往是少部分因子。这个定律对于时间管理而言，同样有着非常重要的意义，也就是说，只要我们找到了起到决定性作用的少数关键时间段并加以利用，就可以使得我们的时间利用率得到大大提升。

"二八定律"虽然直接体现的是利润的分配情况，但是间接上，却可以指导我们分配时间的策略。因为时间永远是固定的，但是怎么分配由我们来决定，如果你觉得时间应该分成相同的时间段，那么你绝对不可能拥有最高的工作效率，时间如何分配是根据事情而定的。

所以说，"二八定律"延伸到时间分配上，你会发现这样一个不争的事实——80%的工作价值都是由20%的工作决定的，其余80%的工作，仅仅只有20%的价值。事实如果是这个样子，那么产生20%价值的工作我们就没有必要花费大量的时间，因为这是一种浪费。

我们想要提高效率，节省时间，需要做的其实很简单，就是在一大堆工作中找到能够产生80%价值的那20%工作，优先完成这些重要的工作，做完了这些，你就已经完成了工作的大半了。但如果你没有对你的工作认识到位，那么你可能就会忙忙碌碌却没有任何成就。

当年，肯尼迪和尼克松两个人一起竞选美国总统，为了得到选票，他们需要到很多州去获得选票。

尼克松认为想要获得最多的选票，就要每一个州都去一遍，这样才能没有疏漏，即便到了竞选的关键时期，尼克松仍旧在不同的州之间忙碌。

而肯尼迪呢？他只选定了几个人口众多，对政治关注度比较高的大州，集中宣传来获得选票。其他的时间用来做竞选中其他部分的工作，就这样，最终肯迪尼成了美国总统。

很显然，尼克松不是没有努力，只是他的方法不够科学。

工作时间是固定的，但是工作方法不是固定的，我们的时间是有限的，我们的精力也是有限的，如果你想要做到面面俱到，那么最终很可能是"竹篮打水一场空"，白白付出了艰辛，却得不到预想的回报。但如果你只把精力集中在最重要的几件事上，那么你一定可以得到预期的收获。所以说，要想学会时间管理，首先就要选定一种科学的方法。

有时候就是如此，即便有一堆工作包围着你，把时间都填满，也不一定能够感受到充实，究其原因，这些事情里没有能够让你感觉到满足的事情。所以，你要学会在一堆工作中找到重点。

举一个不太恰当的例子，如果你对每一个人都非常好，那么大家只把你当作泛泛之交，谁也不会认为自己是你唯一的好朋友。但如果你对大家都客气礼貌，只对少数的几个人特别好，那么这几个人也会把你当作朋友，相比于前者，你还省下了很多交际时间和精力，何乐而不为呢？

其实很多时候我们都有这种体验，努力去工作，铺设大量的时间和精力，但是当这项工作完成之后才发现并没有想象中那样的成就感，反而因为花费大量时间并没有得到很大的收获而失落。这种情绪往往会影响到我们接下来的工作。因此，我们在对工作和时间进行分配的时候，一定要告诉自己，优先做完最重要的20%，这样一来你才会对接下来的工作充满信心。尤其当一堆工作围着你的时候，优先找到最重要的20%并加以解决，那么接下来的80%的工作你就可以在悠闲中轻松完成了。这样一来，时间会变得充裕很多，而你也会感觉到轻松和满足。

当我们面临大量复杂的工作时，不要慌乱和焦躁，要知道，工作总有完成的一天，不要被恐惧控制，让我们学会找到最重要的那一部分，当然这并不意味着先做简单的事情，因为那会导致把困难的留到最后，意味着我们工作的难度会越来越高，这对于我们没有任何好处。

所以，我们应该首先分析哪些工作是最重要的，然后将重要的事情全部列出来，找到最重要的那20%的工作，并且优先去完成它们，一项一项去完成，这样一来，优先完成重要工作的成就感会让我们信心倍增，同时也大大提升了工作效率。

学会运用"二八定律"，找准一项工作中最重要的部分，然后集中精神去完成眼前的工作，不要总想着剩下的工作还有多少，只要你把眼前的难题解决了，那么接下来的一切问题都会迎刃而解。这样你的行动策略往往会给你带来更大的成就感，让你的工作更加高效。

用最少的时间，争取最大的收益

　　有一家教育培训机构，想要与某大学开展合作，投资赞助大学一些教学用品，然后相应地，大学要为这家机构承办一次演讲，可是到了演讲的那一天，前来参加的学生人数很少，所以这次演讲宣传效果并没有达成。

　　这件事情发生之后，机构里的负责人第一时间召集大家对这个问题进行探讨。在会议上，每个部门的负责人都从自己的立场上出发，说了对这件事的看法，但是却又都不够深入，大家只是停留在表面，会议进行了快一个小时，这件事仍旧没有什么进展。有人表示这件事是这个项目的负责人做错了，不应该先把赞助的物品交给学校；也有人表示，这些东西是提前商谈好的，早给晚给并不会影响什么，学校才是问题所在，没有大力宣传……

　　而这个项目的负责人也只能坐在一旁听着人们对自己议论纷纷，却又没有一个人能够明确地指出他应该怎样做。整个会议一直到临近下班才结束，却没有取得任何效果。

　　很显然，对于这家教育培训机构而言，他们的这次投资是失败的，不仅仅是资金上的投资，还包括时间上的投资。

在商业行为中，投资的目的是获得更多的收益，而时间上的投资，其实也是如此。有效地利用时间，我们的人生就能更加丰富多彩。看看古今中外的那些成功人士吧，他们都知道时间的宝贵之处，也知道将时间用在更有意义的地方，而不会无所谓地浪费时间，这其实也是一种投资头脑。

细数我们的资本，你会发现，时间和生命一样，是我们与生俱来的条件。只不过时间和生命一样，会流逝掉，会越来越少，所以如何"挥霍"自己的资本，就成了我们需要思考的问题。当然，对于时间的投资要远复杂于资金的投资，毕竟时间这种东西不同于金钱，只要节省就可以一直属于自己，它是一种消耗品，那么究竟应该如何对待时间呢？其实，换一个角度来看，时间也是一种财富，用管理财富的思路去管理我们的时间，就容易多了。

就看看我们身边的同事好了。我们每天都有8个小时的工作时间，这是一个定量，但是看看所有人的工作量是相同的吗？可能有的人8个小时中有一半时间都在闲谈，而有的人则将每一分钟都用于工作。这样的结果就是闲谈的人无法好好享受下班后的闲暇——因为工作没有完成；而好好工作的人则在紧张忙碌的工作过后去享受生活了。

哪一种生活是你想要的？相信没有人喜欢第一种，这就是对时间投资区别的差异所在了。从另一方面说，你好好珍惜自己的时间，那么你在工作中就更能游刃有余，比别人拥有更高的时间投入回报率。

如果用投资的眼光去看，一个人每天无所事事地闲聊，其实是在浪费自己的财富。如果你不希望自己过得庸庸碌碌，那么就应该向那些成功人士学习，用有限的时间去做更多有意义的事情。要知道，时间这种财富对于每一个人而言起点都是一样的，如果你没能过上自己觉得满意的生活，那么就应该从自身找原因了，是不是你没有好好利用时间，用它创造更大的价值。

虽然时间是每个人都拥有的东西，但不同的人所拥有的时间，其价值也有所不同。懂得合理安排、高效利用时间的人，时间会成为他手中最宝贵的财富；而那些只会在挥霍懒散中度日的人，时间在他手中就如同脆弱的消耗品。

那么，时间究竟应该怎么用，才能为我们的人生创造高价值呢？以下几条建议或许会对你有所帮助：

1. 最大限度地提高时间利用率。

要想提高时间的利用率，就要养成做事之前先计划的习惯。比如你可以在每天睡前，用几分钟来安排第二天需要做的事情，将其分为重要的、次要的和不重要的。做事时先将最重要的事情完成，然后再依次完成其他。此外，无论做任何事情，都要专心投入，切忌三心二意，这样才能提高做事效率。

2. 把时间分割成更小的单位。

在现实生活中，我们通常都习惯以天为时间单位，比如我今天打算干什么，我这几天打算干什么。而许多的科学家、企业家、政治家等办事则往往习惯以小时、分钟为单位。像这种以较小的时间单位来办事，可以帮助我们更加充分地将时间安排利用起来，尽可能减少其间的时间损耗，这些节约下来的时间单看或许不多，但长期积累下来是非常惊人的。

3. 养成"限时完成"的好习惯。

人的心理是非常微妙的，在做事的时候，一旦知道时间比较充足，注意力就会不自觉地下降，做事效率也会相应降低。但若是时间紧迫，事情已经迫在眉睫，人往往就会发挥出比平时更快的能力，做事效率也会大大提高。所以，在做事情的时候，养成给自己设定时限的习惯，能够帮助我们节省许多不必要浪费的时间。

日常生活中，不要总是忽略时间的存在，因为它无时无刻不在你身边，早上起床、洗漱、出门上班……在你做这些事情的时候，时间都在滴滴答答地走着，不要认为这些不起眼的时间可有可无，浪费一点也无所谓，其实它们都是属于我们的财富，比金钱更宝贵的财富。我们必须要记住：时间永远是给重要的事情准备的。你要学会将时间像投资一样，用在刀刃上，实现它价值的最大化！

忙而不乱，为繁忙的事务做出合理规划

爱迪生说过："人生太短暂了，要多想办法，用极少的时间办更多的事情。"相信大家都有着深切的体会：对于每个人而言，生活和工作中，每一天都有数不清的事情在等着你，大家一定也都有过事务缠身焦头烂额的遭遇，那么，如何在日常的管理工作中避免这些情况，做到忙而不乱，把时间优化做到最佳呢？

1. 时间管理要做到有计划、有程序。

很多时候，摆在大家面前的工作几乎每天都是一大堆，从表面上看，工作的共同特点是"忙"。但有的人"忙"在点子上，而有的则不然，往往抓了芝麻，丢了西瓜。其原因就是工作没有计划，没有程序，碰到什么就干什么，什么工作突发就干什么，这显然并不是明智的做法。

无论我们从事任何职业，做任何工作都必须有计划，应每天有每天的计划。我们可将每天的工作按其重要性和紧迫性的顺序编号，但一定要注意，最重要的，不一定最紧迫；而最紧迫的也不一定最重要，只有二者同时具备，才可列入第一。

国外一位心理学家把这种"选择首先应该干什么的能力"命名为"第一顺序判断力"。他解释道："优秀的职业人首先要使自己的工作有计划性。然后，对于摆在面前的大量工作，他先致力于完成摆在首位的工作。要养成一种习惯，总是先干最要紧的事情，不要让那些无价值、没意义的事耽误了你的时间，决不能让宝贵的时间与你的劳动白白地付之东流。"这是非常正确的，同样，每周应有每周的计划，每月应有每月的计划。这样一来，工作也就分出了轻重缓急。由于首先着手的是最重要、最紧迫的工作，因而，工作效率也就会大大提高。

在美国著名管理专家艾伦·莱金所著的《如何控制你的时间和生命》这本书中，他提出了一个"有计划的拖延法"。他认为一个管理者每天需要解决的事情很多，但不可能每件事都做完，因而可将每天的工作分为A、B、C三类。A类最重要，B类次之，C类可以缓一缓。工作程序是先做A、B两类的事情，如果把A、B两类的工作完成了，也就完成了80%的工作。如果有人打电话催问原属于C类的事情，就把此事迁入B类中去；要是有人亲自找上门来联系原属于C类的事，可将这件事划入A类。

这种动态的变化，就使原计划中A类与B类工作中的一部分压缩到C类中去了，因而使工作具有计划性、针对性。这种方法的最大优点，就是将有限的时间安排给最重要、最迫切的工作，从而提高了工作效率。

2. 有效利用时间的法宝——分类管理。

曾经有专家做过调查统计，管理者在工作中虽然要处理的问题很多，但处理各项工作所需的时间并不是平均分配的。大致讲，就工作的重要性而言，管理者是用20%左右的时间完成80%的工作，而用另外80%左右的时间去处理其余20%的工作。管理者最重要的工作就是制定发展计划和人力资源任免方案，即科学决策和知人善任，这两项工作十分重要，占管理者工作重要程度的80%，但时间却只要20%左右。怎样保证这20%左右时间的高效使用，使其完成管理工作量80%的任务，这是一项技术。

比如，可以考虑每天用一个小时，作为管理者的"思考时间"。在这一个小时的"思考时间"内，集中精力思考重大的决策和人员任免的大问题。同理，每周安排半天，每月安排一天，作为管理者的"思考时间"。三者相加，每月管理者占用的"思考时间"约为全部领导工作时间的20%左右。长期坚持，形成制度，对企业管理工作大有好处。

管理者除制定公司发展策略和人员任免两项主要工作外，剩下20%的工作却要占用80%左右的时间，比如调查研究、公务出差、临时任务等等。对这些事管理者也应统筹兼顾，合理安排。因为这些工作是管理者科学决策和知人善任的基础和前提。没有这些准备工作，管理者很难做到合理地安排时间。

3. 排除有形无形的时间干扰。

我们在工作中一定要善于巧妙地排除各种时间干扰，集中时间和精力从事最重要的工作，也是现代时间管理统筹的重要内容之一。一般来说，时间干扰来自主观和客观两个方面。从主观方面来讲，就是管理者自己分散了精力，精神不能集中。如正在考虑某一重要问题时，头脑中突然浮现出对另一问题的想法，或者灵机一动想出了解决另外问题的好主意。这时，管理者应该迅速排除干扰。可将临时出现的想法、主意的主要内容马上记录下来，等做完自己当前所从事的工作以后，再接着思考，分析比较，以便充分拓展自己的思维。

当然，不可否认，忙是这个快节奏社会的正常现象，也是工作积极、有上进心的一种表现，一个正常运作的企业中，只有什么事都不干的人才不会忙。但是我们必须明白：忙应该有限度、有秩序、有效率，不能白忙一通，用通俗易懂的话说就是：忙要忙到点子上，忙得有效果。做到了这一点，那么作为管理者在遇到问题时候才能够分清轻重缓急，事先做好准备，遇事才不会手忙脚乱，浪费时间。

4. 自发改变环境。

环境对于自制力不强的人而言是非常重要的一部分。如果你的自制力不够强，那么就要试着改变一下环境了。如果你在一个比较嘈杂的环境中工作，无法投入的话，你可以给自己准备一对耳塞，将外面的声音隔绝。

你也可以收拾一下自己杂乱的办公桌，和工作无关的东西都收起来，这样你走神的源头也得到了一定的控制，慢慢地就能投入到工作当中了。

　　总而言之，要想做到忙而不乱，把时间管理做到最优化，表面上看起来是一件琐碎和困难的事情，但是我们一定要明白，时间管理的唯一法宝就是习惯化、制度化，把时间管理的精髓和细节融入我们日常的生活和工作中去，这样我们就会在不知不觉中成为自己时间的主宰者，一切繁杂的事物都会自然而然的变得有条不紊，这才是我们学习的最终目的。

简单一点，别在"显微镜"底下生活

　　随着社会的发展，人们的物质生活和精神生活越来越丰富，可是越来越多的人觉得自己生活得不幸福了，他们在这个瞬息万变的物质世界中，开始变得焦躁不安起来，为什么会焦躁呢？究其原因都是一些生活的琐事而已。

　　早上在公共汽车上被人不小心踩了脚；上班途中车辆堵得水泄不通；同事不小心把咖啡洒到了我的桌子上；老板让我重新修改昨天的提案；邻居把鞋盒堆到了公共走廊中……这一些些的小事让你难以忍受，无法从容淡定地去生活，让你变得焦躁不安。

　　这些小事像灰尘一样存在于身边各处，像垃圾一样腐蚀着我们心灵，但是，它们只是小事呀，因为这些琐碎的小事，把你本来平静的生活打乱，值得吗？因为这些小事，让你变得焦躁不安、无心工作，值得吗？

要知道，生活本就是由无数的小事组成的，如果我们过于计较小事，拿着放大镜去看待周围的人和事，那么对大事的注意力也会淡化，甚至没有精力去顾及自己应该做的事。

《红楼梦》中的林黛玉可以说是一位悲剧人物，她有着闭月羞花的容貌，有着衣食无忧的生活，本来是可以享受幸福快乐的，可是她却总是斤斤计较、患得患失，就连送个宫花这样的小事，她也要怀疑是别人挑剩下才给自己的，最后郁郁而终。但是，史湘云就不同，她洒脱快乐，甚至不计较什么女子形象烧鹿肉、喝酒，以花为枕醉睡在大石头上，她的人生是快乐的，她的生活也是丰富多彩的。

因此，既然是一些琐碎的小事影响了我们的生活，我们就要学会把这些琐碎的小事放下。每当遇到这些琐碎的小事发生时，我们要控制自己的情绪和行为，敞开心胸，洒脱一些，没什么大不了的。

这个世界上最聪明的人就是犹太人了，犹太人总是对身边微不足道的"小跳蚤"视而不见、忽略不计，他们说：

"这世上卖豆子的人应该是最快乐的，因为他们永远不担心豆子卖不出去。"

看到众人疑惑，犹太人继续解释道："假如他们的豆子卖不完，可以拿回家去磨成豆浆后再拿出来卖；如果豆浆卖不完，可以制成豆腐；若是豆腐变硬了卖不成，就当豆腐干来卖；豆腐干再卖不出去的话，就腌起来，变成腐乳。或者还有一种选择：卖豆人把卖不出去的豆子拿回家，加上水让豆子发芽，几天后就可改卖豆芽；豆芽卖不动，干脆就让它长大些，变成豆苗；豆苗卖得不好，那就再让它长大些，移植到花盆里，当作盆景来销售；如果盆景卖不出去，再把它移植到泥土中去生长，几个月后就又会结出许多新的豆子——一颗豆子变成了很多豆子，想想就觉得这是多么划算的事！"

一颗豆子卖不出去尚有这么多解决办法，更何况生活和工作中的琐事呢？犹太人从容淡定的心态，洒脱的性格都是我们所缺少的，不要再让自己为一些琐碎的小事而焦躁不安了，有时间的话就放眼世界，用一颗洒脱的心去观察世间万事万物，你会发现风轻云淡的生活原来如此丰富多彩。

同样，在日常的工作中，我们也要学会简单一点，不要把事情想复杂了。很多人在工作中都习惯于用"发散思维"去思考，当上司或者同事说一句话的时候，很可能我们会思考这句

话背后有什么深意，又会产生什么样的后果。或者自己的工作很简单，但我们却会想，这项工作是否意味着什么或代表着什么，有什么方法可以让这件工作完成之后还有额外的表扬……正是因为这种"发散思维"，让我们觉得事情永远只是冰山一角，其中蕴含着很多我们没有想象到的事情，所以谨小慎微，活得很辛苦。

但实际上，很多事情其实并没有我们想象的那样复杂。许多时候我们过于关注问题之下的深意，却因此忽略了问题的本质。我们无须从一件简单的事情上多加考虑，尽可能显示自己的过人能力。如果在工作或是平时你总喜欢对着简单的问题无限延伸，胡思乱想，那么只会招致别人的反感；另一方面，把本来简单的事情复杂化，无疑也浪费了你的宝贵时间。

简单的事情就简单处理，复杂的事情就把它分解成简单的事情，如此一来，我们在工作和生活中就没有那么多麻烦事了。这就需要我们在工作中学会化繁为简，这除了能够节省自己的时间之外，对于旁人也是有益的，如果你汇报一项复杂的工作，通过你的归纳、总结、理解，表述出来简单直接，那么对方也更容易理解，沟通环节上出现误会的概率就小了很多，这样一个项目的进程都会加快，从结果而言，自然对你也是有利的。

化繁为简，最直接的作用就是可以减少我们工作中的一些中间环节，进而节省时间，提高效率。当然，化繁为简的好处非常多，我们即便不一一列举也能明白，只是要做到并不是那么容易的事情，还需要对自己的归纳总结能力进行培训。

而这种能力实际上涉及了很多方面，首先是我们的理解分析能力，在一项复杂的任务中找到核心，在对方一大段的话中找到主题，都需要对任务本身进行理解分析，进而才能总结归纳。这种能力并非一朝一夕就可以练就的，需要我们不断地去实践，多给自己一些可以分析、常见的任务案例，一次次地练习，你就会从中找到规律。

如果你的心处于焦躁之中，那么就跳过周围那些琐碎的小事吧，寻求一片可以放飞心情的天空，冷静一些、大度一些。美国作家梭罗说："我们的生命都在芝麻绿豆般的小事中虚度，毫无算计，也没有值得努力的目标，一生就这样匆匆过去了……"所以，试着放下那些琐碎小事，不要总是用"显微镜"去看待生活和工作，你才会活得更加轻松洒脱。

第六章
当专注成为习惯，
既高效又省时

　　生活中，成功人士必然都具备各种各样的优秀品质，但如果你留心就会发现，他们身上都具备着一个共同的特征，那就是做事专注。

　　很多时候，一项任务看起来似乎不可能完成，但是，只要你能够专注地做下去，并且竭尽全力去努力拼搏，大多数情况下，都是能够实现目标的，奇迹就是这样发生的。

有时成功就是：一生只把一件事做好

古时候，铁匠在铸剑的时候会反复锤打烧红的铁块，经过锤炼的次数越多，最后打成的剑的弹性越好，越锋利结实，最终成为一把奇世宝剑。很多人都喜欢吃手擀面，原因是因为它的筋道，面块在擀面杖的作用下经过反复碾压，最后被压成极薄的面饼，然后叠在一起一刀一刀切成小条，只有经过这个过程的手擀面才具有它独特的味道。人生也是一样，没有所谓的一夜成名、一夜暴富，成功之路非常漫长，只有一心一意、坚持去做一件事情，我们才有可能取得成功。

中国山东单县的一个小村庄里，有一位地道的农民叫朱之文，平日的工作就是种地，农闲时节出门做个泥水匠，一天挣个三四十块钱，与身边祖祖辈辈淳朴的农民没有什么分别。但是朱之文跟别人还是有一点不同，他喜欢唱歌，在田间地头，在小树林，在自家的宅院里，随心所欲地唱，对着镜子唱，对着家禽唱，对着豢养的两只山羊唱，干着活也唱……用他自己的话说，就是喜欢唱歌，希望把歌唱好。

为了这个内心深处的梦想，他丝毫不在意旁人异样的目

光，自己买来磁带和书籍，用一台别人赠送的电子琴，日复一日地在家中练歌，一唱就是二十多年，为了训练气息，他甚至故意在大风天顶着风大声歌唱。时间久了，方圆几十里的村镇都知道了他这个绰号叫作"三大嘴"的唱歌好手。

2011年2月13日，朱之文参加《我是大明星》济宁赛区的海选，演唱《滚滚长江东逝水》和《驼铃》，震惊了主持人、评委和现场观众。3月4日，山东综艺频道《我是大明星》栏目播出的济宁赛区海选视频被推荐至各大门户网站，视频点击量超百万，成了朱之文的成名视频。3月12日，一条名为"中国苏珊大叔——大衣哥"的视频在国外的社交媒体网络上也火了起来。朱之文对于歌唱的执着和投入终于得到了回报，得到了许多观众的喜爱和支持，让他有幸参与了2012年的中央电视台春节联欢晚会的演出。

朱之文一夜爆红了！从一个在田间地头唱歌的农民到登上央视春晚，绝对是一个默默无闻到实现梦想的奇迹，那么，是什么创造了这个奇迹？其实，正是朱之文多年来对于歌唱梦想的坚持和执着，让很多人看来不可能发生的事情变为了可能。

海明威说："人生，就是一场战斗。与谁战斗呢？与自己！其实就是与自己的懒散、退缩、逃避行为进行战斗。一个人如果能够战胜自己，他就能够战胜一切，任何看起来巨大的困难、表面上强大的敌人在他面前都会变得不值一提。"很多时候，一项任务看起来似乎不可能完成，但是，只要你能够坚持做下去，并且竭尽全力去努力拼搏，大多数情况下，都能够实现最初的目标。

对于我们实现梦想的道路来说，最大的障碍不是别的，而是我们自身。急功近利之人多在追求眼前的利益，他们可能会在短期内达到自己的目标，做出一些成绩，但就长远来看这些人太过于看重于"眼前"，目光短浅终难成就大事，因为最短的路未必最快。

其实，关于一心一意这件事，我们每个人都有着非常深刻的体会：上学的时候做作业，一会儿默写语文课文，一会儿又算一道数学题，然后发现桌子上有本课外书，于是随手翻几页，突然想起铅笔没有削完，又中途停下来整理一下文具……当时间过去后，才意识到自己一件事都没有办成。

当我们工作之后，手里一样有各种各样的杂事，让我们觉得手忙脚乱，这件事做一点，然后想起另一件事，每件事都去做，但最终每件事都没有完成，虽然忙忙碌碌，但一点成果都没有。更可气的是原本三个小时就能完成的工作，最终花费了一整天也没有做完……

这是什么原因呢？相信你已经明白了，这是三心二意惹的祸。你或许会为自己辩解，这一切都不是你造成的，而是工作中的杂事实在太多，中途总是不得不停下来，又或者办公室里实在是太吵闹，让你难以静下心来投入到工作当中。

必须承认，上面说的这些都是不可避免的事实，但我们却可以通过自律来约束自己。环境是我们无法改变的，但是我们可以控制自己不去受这些干扰。更何况，很大一部分原因并不是我们

无法控制自己受干扰，而是我们从内心愿意接受这种干扰——这让我们有了拖延的借口。

无论是对于眼前的工作，还是对于心中的梦想而言，没有什么比一心一意更加重要了，做什么事就专心去做，才能在最短的时间内结束工作的"折磨"，你越是不想去做，这件事便越会往后拖，最终到了你不得不去做的时候，它会变得比平时还要困难。

一鸣惊人只是少数人成就的神话，在其惊人成就的背后肯定不是安逸和懒惰，更不是空想和幻想，而是持之以恒的努力，坚持不懈的付出。凡是能够成就事业的人，都曾经付出默默地努力，不惜一切代价地苦练本领，提升实力。

正所谓"台上一分钟，台下十年功。"只有做到专注，才能更好地积累实力，才会取得更大的成功。日子是一天一天过的，那些"一口吃个胖子"的事儿是绝对不靠谱的。别让一时的利益蒙住了双眼，一心一意长久坚持才会收获更多的成功。

给专注力，找一个"必须"的理由

专注，是我们工作中非常重要的一个方面，为了能够专注于工作，我们可能做出了很多努力，当然，这些努力大部分都是从我们内心角度去做的。可是很奇怪，我们即便知道专注力的重要性，为什么还是那么容易走神呢？

有的人或许发现了，自己在工作中注意力经常被周围的事物所吸引。比如办公桌上的一个笔筒，或者是刚刚拆开的网购商品，又或者是放在桌子上的零食……虽然我们不想找借口，但是这确实是我们无法专注的一个原因。

也许这个世界上真的有能够一心多用的人，但这样的人是少之又少的。现实并没有我们想象中那么丰满，三心二意的结果往往是哪件事都没有做好。与其奢望自己是一个天才，还不如脚踏实地地生活。看看身边那些效率高的同事吧，他们或许并不如我们聪明，但是他们却明白专注的道理，如果眼前有很多事，他们会一件一件按顺序去完成，结果往往比我们同时进行好几项任务更有效率。

就算我们想成为天才，也需要从专注一件事开始培养自己。如果你连专注于一件事都做不到，那么就更不要去奢求同时兼顾几项任务了。每个人的精力都是有限的，想要做好一件事，就要把所有的精力投入其中，这样你才能充分发挥自己的智慧，才能节省时间，在最短的时间内完成工作。

大学毕业之后，张超为了增强自己的竞争力，用了三年时间，考取了很多类别的职业资格证，比如会计师资格证、教师资格证、导游证、律师资格证等等。

在准备考试的过程中他也没有放弃工作，因为他觉得自己可以应付。但现实并没有他想象中那么好。考取的那些资

　　格证对他的工作并没有什么帮助，而且考取这些资格证的时候他花费了好一番功夫，使得他本身的工作也受到了影响，引起了老板的不满。

　　除了工作受影响之外，他的生活也乱了，为了争取更多的时间去学习这些专业，同学聚会他都不去，好朋友也渐渐和他疏远了，女朋友也因为无暇顾及而和他分了手。

　　要知道，我们的大脑不是机械，电脑可以在转瞬之间对多个任务进行切换，并推动每个任务的执行。但是我们投入一件事却是需要时间的，如果你刚刚投入到一件事就马上切换到另一件事，那么你不管花了多少时间，也是无法高效地完成工作的。

　　我们从很小的时候就应该知道一心不能二用的道理。虽然我们的大脑十分复杂，很多人也认为人脑要比电脑聪明许多，但是在多任务机制这一点来说，我们的大脑就不如电脑了。我们不可能同时做好几件事，最简单的一个例子，如果你需要看一本书，而你最喜欢的电视剧也在播出，那么这两件事同时进行的话，你肯定没有记住书的内容，也忘了电视剧究竟在演些什么。

　　不管你是工作忙碌也好，还是为了证明自己的能力比别人强也罢，我们都不能违背规律，故意一心多用。对于现在分工越来越明确的职场而言，专而精的职员的竞争力要远远高于多而不精的"多面手"。

　　如果你有梦想的话，那么工作于你而言就不再是痛苦不堪的事情，你会主动去努力，因为这是你到达成功彼岸的重要途径！

别在努力前就想着工作的困难，先想想自己的兴趣和梦想吧，有这些指引，你不会被工作追赶着跑。你会主动去追赶工作，即便工作量再大，对于想要工作的你而言是没有任何难度的。

专注于一件事，你才能够将它做到极致，才能在其中发现机遇，如果什么事都只是浅尝辄止，那么你做了再多的事情也都是没有意义的。所以，我们不妨给自己的工作添一点动力吧，别天天抱怨工作了，想想工作中我们能够得到什么，为了这个，你便可以专注投入工作，努力为自己创造明天，自然就不用担心因为不愿意工作而浪费时间了。

无论做任何事情都要专注投入，这既有益于我们的健康，又便于提高我们的效率。专心做好一件事，我们才能聚精会神，才能心无旁骛，才能将自己的潜能发挥到极致。不要把时间都浪费在不同任务的快速切换当中，先做好眼前的事，把眼前的工作做到位，然后再去做下一件事，才是真正高效的做法。

想要和时间赛跑，那就要尊重时间，了解时间。在同一时间内，我们该干吗就干吗，才是利用时间的最佳之道。工作的时候就要好好工作，听歌或者找东西这样的杂事都先放到一边去，这样你才能够从根源上杜绝无法专注，从根源上改掉浪费时间的习惯。

事实上，专注也需要特定的条件

不知道你是否发现，做事不够专注这一点是对事而言的。你或许在工作的时候很难投入，但并不是任何时候你都无法做到专注。比如你在看电视剧的时候，或者在玩游戏的时候，总是不知不觉进入到剧情当中。

为什么会有这样的情况呢？很简单，工作于我们而言可能不是一件让人快乐的事，但是看电视剧或者玩游戏对于我们而言是一种休闲娱乐，我们愿意去做这件事所以才会专注，自然就会很投入。

由此，我们可以得出这样一个结论：在做喜欢的事情时，我们可以保持长时间的专注力。

风靡一时的漫画《老夫子》和《乌龙院》都出自著名的漫画家蔡志忠之手。而蔡志忠之所以能够画出如此出色的作品，自然是因为他将漫画看成了生活的一部分。画漫画是他的职业，更是他的爱好。

这样一个了不起的人物，小时候一定也非常出色吧？但事实上并不是这样的。他在学生时期非常平凡，和大多数厌学的孩子一样，不怎么喜欢学习。讨厌学习却又无从逃脱，他每天都只是在漫无目的地荒废时光。直到他升入中学之后，终于在乏味的校园生活中找到了乐趣，那就是画漫画。

漫画对于蔡志忠而言就像是情窦初开的少女遇到了让她怦然心动的男孩一样，他马上就陷入了漫画的魅力当中。在画漫画方面，他也显露出了过人的天赋，他的大把时间都用在了钻研漫画上，学习一落千丈，学校考虑要让他留级。

有一天，一家出版社对他抛出了橄榄枝。当知道这个消息的时候，他就想要放弃自己的学业，专注于漫画。幸好，蔡志忠的父亲非常开明，支持了他的梦想。因为是自己喜欢的事，所以他做得格外用心，每天都专心致志地工作，就连下班时间也在考虑自己的漫画。

功夫不负有心人，最后，他成了闻名世界的漫画家。

留级生和扬名世界这两个词之间隔着千山万水，如果当初蔡志忠没有从事漫画行业，继续在学校混日子，后来会怎样？我们无从知晓，但是我们却由此可以断定一件事，那就是专注于一件事的时候，这件事肯定是我们喜欢的事，而且这件事是我们自己的选择，而非别人强加给我们的。

试想一下，我们可以养成专注的好习惯，无论接到什么工作，无论萌生出什么想法，无论遇到什么事情，都立即就行动起来，那么又怎么会出现拖延的情况呢？如果我们可以把每一件事

都在规定的时间内按计划完成，真正做到今日事今日毕，那么无论工作还是生活，自然都能安排得井井有条，再不会有堆积如山的事情将我们逼得手忙脚乱。

在现实生活中，每一个能够成功的人必然都具备各种各样的优秀品质，但这些成功人士们必然都具备着同样一个特点，那就是做事专注。曾经有人做过一份关于财富和成功的分析报告，据报告显示，那些能够在生活和事业上取得成功的人，几乎都有一个共同的习惯，即把所有的精力都专注于自己喜欢的事业。而那些在生活和事业上容易失败的人则在专注力方面做的远远不够，因为无法确定自己的目标，他们的努力方向总是会出现偏差和反复，最终一事无成。

说到这里，有的人或许会感到绝望，因为有些时候我们似乎并没有选择自己喜欢的事情的权力。就像之前说的那样，大部分人都从事着自己不喜欢的工作，真正能够将兴趣发展成事业的人少之又少。这是事实，我们或许并没有从事自己喜欢的工作，但并不代表自己的工作中没有能够吸引我们的地方。

简单来说，我们选择一份工作，肯定有着某种理由。即便这份工作不是你最喜欢的，但是在众多的选择当中，你为什么偏偏就选择了眼前的这份工作呢？也许你不喜欢这份工作，但是权衡利弊之后你却从事了这份工作，那么就证明你的选择有着一定的理由。也许这份工作能够让你施展才能，或者从事这份工作能让你产生成就感，又或者这份工作能够让你最快到达成功的彼岸……

只要你寻找，就能够发现很多理由，如果你始终找不到一个从事这份工作，并为之奋斗的理由，那么只能证明这份工作并不适合你，你应该考虑换一份工作。反过来说，只要这份工作有从事的价值，那么你就能够从中获得一点动力。

也许这份工作中有能够吸引你兴趣的地方，你只要挖掘出来，那么你也能投入到工作当中。另一方面，你也可以从更高的角度来看待这件事，简单来说，你可以去寻找工作当中的梦想和目标。有了希望的指引，那么你也会为了得到自己想要的东西而努力奋斗。

可以这么说，拖延常常是一个人失败的主因，无论做任何事情，想要获得成功，我们就必须治愈"拖延症"。只有养成"现在就做""立即行动"的好习惯，不再犹豫不决、拖泥带水，我们才能抓住人生的机遇，在有限的时间里为生命创造最大的价值。

分清主与次，不要同时分神做两件事

在自然界中，一切食肉动物在捕猎的时候，一旦选定目标，就不会轻易放弃，直到抓住猎物为止。因为在这个过程中，只要

转向其他目标或是贪心贪多，看见什么就追击什么，最后的结果
必定一无所获，两手空空。

　　游牧民族从小就要学习牧羊和打猎，看到丰茂的森林草
地，青壮年男子就要冲进去寻找猎物。一个孩子刚刚学会骑
马，在叔叔的带领下学习打猎，想要一展身手。

　　小孩子爱玩，心态又浮躁，看到兔子就想追兔子，正
在追兔子，旁边蹿出一只鹿，他又想追那只肥大的鹿，这
时一只大雁从头上飞过去，他又想弯弓射箭打下大雁，孩
子就这样，看到什么想打下什么，打不到，回头想找一开
始看到的那个，动物们早跑没影了，忙了一天，他两手空
空。

　　叔叔告诉他说："我第一次打猎和你一样，看见什么想
打什么，其实一次只能射一箭，得到一只猎物就是收获，为
什么要贪心？只有戒掉这个毛病，你才能成为一个优秀的猎
手。"

　　想要成为一名优秀的猎手，最重要的就是先学会不贪心，
一心一意地盯紧眼前的目标。故事中的孩子因为三心二意，看到
什么就想打什么，结果忙了一天什么也没有打到，白白浪费了时
间。

　　猎人们有一句谚语：一个人不能同时追赶两只兔子。如果

一只兔子朝东，一只兔子朝西，两只都想追，必定两手空空。如果兔子再多一些的话，那么这个人恐怕连抓兔子的目标都确定不了。

其实，打猎如此，做任何事情都是一样。因为一个人的生命和精力是有限的，想要在有限的生命中完成一流的事业，就必须选择一个目标，努力实现。如果一个人没有目标，做事三心二意，太过于贪心，那他最终只会一事无成。

有很多人看起来很聪明，总是想要做成别人无法做成的事情。可是，他们却非常贪心，总是想要同时追到两只兔子。做什么事情都只有三天的新鲜度，看到了新的目标就立即改变计划，或是同时看中了太多的目标，这样连一件事情都做不好，抓不到关键点。这样的人不是聪明而是愚蠢，因为他们的目标很多，想要做成所有的事情，最后却一事无成；他们的想法太多，却不知道如何着手，最终失去了最好的机会。

有只狐狸住在一座大山里，经常为食物发愁，这一天，它的好运来了，山脚下的一个农民开了一个养鸡场，狐狸每天都溜下山，偷偷叼走一只鸡。农民每天清点鸡的数目，发现每天都要缺一只，可狐狸跑得太快，农民拿它没有办法。

渐渐的，狐狸觉得每天一只鸡不够吃，他想要吃更多的鸡，他每天叼一只大个的鸡，还要带上一只小鸡。又过了半个月，一只大鸡和一只小鸡也不能满足狐狸的胃口，他开始叼两只大鸡，可是，叼了两只大鸡后，狐狸的偷溜速度明显地慢了下来。终于在一天晚上，狐狸被埋伏在鸡棚外的农夫抓个正着。直到被捆住，狐狸的嘴还紧紧咬住一只鸡。农夫叹息说："你真是到死都不知道悔悟！要不是你太贪心，又怎么会被我抓到！"

一只快要饿死的狐狸发现一个养鸡场，从此，它的胃口越来越大，这个过程形象地反映了贪心的膨胀。一旦欲望超过一定限度，灾难就会降临，于是狐狸被养鸡的农夫抓住。更让人感叹的是，这只狐狸到死也摆脱不了自己的贪欲，被抓的时候它还紧紧地咬住刚刚偷来的鸡，贪欲的毁灭力量可见一斑。

俗话说，人心不足蛇吞象，你越是想要得到更多，最后连一个都无法获得。我们每天都面对很多诱惑，什么都想得到，一味地去追求更多的金钱、权力，很可能让自己累倒在半路上。

人生的道路上，很多时候，我们不止有一个选择，会遇到很多岔路口，哪个路口都有我们需要的东西。这时候，我们必须选择一个目标，才能在最短时间到达目的地。如果你什么都想要，既想要向这边走，又不想放弃那边，最后只能留在原地，两边都落空。

专注是换取效率的最佳利器，那些在事业上如鱼得水的人，往往不会三心二意，这山望着那山高。要想做到专注，那么就应该排除心里的杂念，一次做好一件事。只要时间分配好，那么就不用担心无法完成工作。反之，如果你一心想着自己有很多工作要做，那么你就无法获得内心的安静，也就无法做到专注于一件事了。

简单来说，这就和愚公移山的道理是一样的。我们眼前的任务或许就是一座大山，你想要同时从几个地方开工移走它是不可能的，因为你只有一个人，一双手。但若是你专心于一点点地挖土，那么最终一座大山也会被夷为平地。

在正确的时间，做正确的事情，是高效率工作并获得成功的根本。而同一时间，我们是无法分身做两件不同的事情的。如果你认为自己可以在一个时间里兼顾两件事，那么很可能无法做好两件事，总是要出差错的。就算你觉得自己没有出岔子，但是在你顾着一件事的时候，很可能就会错失另一件事的机会。

就像一个猎人不能同时追逐两个兔子一样，一个人也不能同时选择两个目标。不如简单一点，放下自己的贪心，让内心平静下来。因为任何时候，专注一个目标的人都比三心二意的人，拥有更多的获得成功的机会。

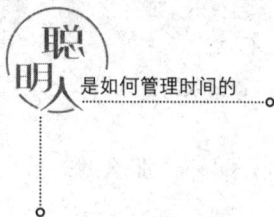

优化大脑，将混乱的东西清除掉

在一个有关人生的课堂上，老师讲了这样一个故事：

三只猎狗追一只土拨鼠，土拨鼠逃跑时钻进了一个树洞。这个树洞只有一个出口，不一会儿，忽然从树洞里跑出一只兔子。兔子飞快地向前跑，并爬上另一棵大树。兔子因为慌乱在树上没站稳，掉了下来，砸晕了正仰头看的三只猎狗，最后，兔子终于逃脱……

好！到这里故事讲完了！老师问道："这个故事有什么问题吗？"

学生们有的说："兔子怎么会爬树呢？"还有的说："一只兔子不可能同时砸晕三只猎狗呀！"大家众说纷纭……

直到学生们再也找不出问题了，老师才说："可是，还有一个问题。你们都没有提到，那就是——土拨鼠哪里去了？"

其实，最后一个问题"土拨鼠哪里去了？"才是问题的关键，"土拨鼠才是一开始猎狗追求的目标，可是由于兔子的出现，猎狗改变了目标，我们的思维也不知不觉地打了岔，土拨鼠竟在我们的头脑中消失了。"

这个故事告诉我们：在追求人生目标的过程中，我们有时会被风光迷住，有时会被细枝末节给打断，有时会被一些琐事分散精力，在途中停顿下来，迷失方向，或走上了歧路，从而终止了最初追求的目标。人生的路很长很长，既有奇花异草的诱惑，又有重峦叠嶂的阻挡，我们一定要常常提醒自己——"土拨鼠到哪里去了？不要让自己的大脑陷入混乱，从而忘记了最初想要追寻的东西。"

生活中我们都会有这样的体会：我们浏览网页、使用软件、玩游戏、聊天等，习惯在电脑里暂时留存一些图片或者网页，以提高浏览速度。但时间久了，电脑里的垃圾就会影响电脑运行速度。我们的大脑也是一样，受各种信息的不断冲击，被各种各样的想法填充着，空间被塞得满满时，渐渐地就会变得很迟钝、很健忘。

其实，就像收拾桌子一样，要想整理，我们就要学会清空，东西少一些才整洁。对于大脑中的信息也是如此，当状态混沌、思维不清的时候，请及时清空你大脑的"内存"。只有先清空了大脑，才能腾出一定的空间，才能重新存储新鲜的、更为有用的信息，这恰恰符合高效做事的法则。

一个背着包袱的年轻人气喘吁吁地找到智者，上气不接下气地问道："大师，我立志要追寻内心的宁静，为此愿意付出一切，长途跋涉的辛苦和疲惫难不住我，各种考验也没有能吓倒我。但是，为什么我总是找不到心中的阳光，感到焦虑、不安和痛苦？"

智者看了看年轻人的包袱，问道："你的大包袱里装的是什么？"

"都是对我很重要的东西。"年轻人回答道："这里不仅有我必需的生活品，一路上搜集的金银珠宝，还有我远行中的疲惫、孤寂，受伤时的眼泪、痛苦……"

智者听完安详地问道："每次过河之后，你是不是要扛着船赶路？"

"扛船赶路？为什么？"年轻人不解地看着智者，嚷嚷道："而且船很重，我哪扛得动。"

"你知道过了河就放下船，为什么不知道放下自己身上的包袱呢？"智者反问道。

年轻人顿悟，他放下包袱，顿觉心里像扔掉一块石头一样轻松，他发觉自己的心情轻松而愉悦，步子也比以前轻快得多。

故事中这位年轻人因为背负的太多，内心满得像一个仓库一样，导致被焦虑和不安所折磨。后来他丢弃了那些东西，给心灵留有一定的空间，瞬间便获得了轻松和快乐。这再一次证明了，学会"清空"大脑，将自己的思想归零，可以让自己更加专注于最初的目标和方向，从而避免把时间浪费在无谓的事情上。

其实，无论是生活还是工作，"清空"大脑的方法很容易，就是因为它简单、几乎人人知道，所以常常被忽略，我们不妨试试下面这三个方法。

1. 调整呼吸。

以舒服的姿势坐定，挺直脊背，想象自己的头是一个摆满东西的房间。把注意力集中于自己的呼吸，缓缓吸气，让肺部充满空气。然后，由口慢慢强力呼气，将腹部所有气体排空。呼气的时候，想象自己像清洁房间一样在清洁大脑。重复两三次，你感受到大脑的变化了吗？是的，你感到神清气爽。

2. 学会内省。

当你的内心感到疲惫不堪时，就是你该从繁忙中抽身出来，和你的内心对话的时候了，只需要三五分钟就可以。问问自己：我满意现在的生活吗？我为什么感到烦恼？我是不是还要追求工作上的成就？我让生活压垮或者埋没了吗？我得到了什么，失去了什么？……和自己的心灵对话，是一个解剖自己的过程，是一个整理思绪的过程，进而让大脑进行自动的碎片清理，清静下来。

3. 劳逸结合。

我们不妨来了解一下"番茄工作法"。简单来说，这种方法是将工作时间和休息时间打乱重新分配。比如以25分钟为工作周期，在这25分钟里，你要保持精神紧张，保持专注，什么事情都不要去做，喝水也好，去洗手间也好，都不要在这段时间里去做。25分钟结束之后，给自己5~15分钟的休息时间，之前你想做的事情可以在这段时间里去完成。这让你可以练习慢慢培养自己的专注力，随着时间的推进，你的专注力也会慢慢得到提高。在这个过程当中，你可以使用计时器来设定倒计时模式，增添自己的紧张感。

曾经在书上看到过这样一句话："人的痛苦就是来自拼命追求那些不能代表我们的东西。"这其实说的是另外一种自我，就是那些不能代表我们、而我们又在拼命追求的东西，比如金钱、地位、服饰、房子、车子、孩子、伴侣、工作……在追逐这些东西的过程中我们最初的那份真实被隐藏得越来越深，甚至已经不记得自己真正想要的到底是什么。

其实，很多时候，放弃最初的梦想，仅仅是因为我们一念之间的胆怯，不敢去坚持，为此埋下了遗憾的种子。如果在当初抉择的时候能够听从内心的声音，坚持自己真实的想法，也许我们的人生又是另一番模样。正是因为许多人把内心最初的梦想埋藏的太深，所以他们几乎已经忘记了内心真实的自己是什么样子。

我们的大脑其实就像是高速运转的电脑系统，时间久了，就会因为过多垃圾的产生而变得迟钝，甚至出现故障。所以我们需要定期优化自己的大脑，像清扫垃圾一样清理自己的大脑，把那些杂乱不堪的东西统统清除掉，这样才能放下包袱，轻装上阵。我们不妨试着做到以下三点。

首先，不要用任何手段去掩饰自己的真实想法，善待自己内心的渴望；第二，不要被"过去"或者"未来"这样的时间幻想去束缚，跟随自己的内心，活在当下；第三，不要给自己贴任何标签，做一个彻底自由的人。

那些聪明的人，通常都善于用上面的方法去对待自己的任务和梦想，只有做到了上面这三点，我们眼中的世界才会更加真实清晰，我们才能更加容易地做出正确的选择，找到内心真实的自我。

第七章
找出隐藏的时间，
将一天优化成两天

　　我们一定要记住：时间管理的重点不在于管理，而在于分配。我们在生活和工作中如果想要更好的管理时间，而不是成为时间的奴隶，就一定要学会合理化、精细化地分配自己的时间，尤其是那些"碎片化"的时间。

　　聪明的时间管理者总是能够妥善地安排好自己一切的时间，让自己的时间用起来更有效率，就如同鲁迅先生说的那样："时间就像海绵里的水，只要你用力去挤，总还是有的。"

时间如同积木，就看你怎么拼组

爱因斯坦和鲁迅都说过这样一句话:人的差别在于业余时间。一个人能否改变自己的命运，在于他晚上8点到10点选择做什么。假如可以每晚抽出2个小时来进行阅读、进修、思考或参加一次有意的演讲、讨论，你就会发现，你的人生正在发生非常微妙的改变，假如你可以这样坚持数年，成功就会向你招手。

可让我们遗憾的是，大多数的上班族，尤其是35～50岁的人大都觉得每一天都是在忙忙碌碌中度过，没有闲暇时间。再加上许多公司屡屡裁员，这些都在无形中加大了作为一名员工的心理和工作压力，平日加班或节假日上班已经成为家常便饭。在很多的企业家培训课堂，很多学生也经常以"没有时间""最近工作很忙"等作为自己"逃课"的理由。但事实真的如此吗?

这时候我们要记住的是，这个世界上根本不存在"没时间"这回事。假如这个时候你还是像很多人那样，也是因为"太忙"而没时间完成自己要做的事情的话，那请你一定记住，在这个世界上还有很多人，他们比你更忙，结果却完成了更为骄人的业绩。他们并没有比你拥有更多的时间。他们只是学会了如何更好地利用自己的时间而已!

有效的利用自己的时间，这样的事情人人都可以掌握，就好比经过训练就可以学会驾驶一样。有效利用时间，不是成为时间的奴隶，而是实现自己的人生目标。一切完全取决于是否能够成功管理好自己的时间，尤其是那些"碎片化"的时间，这就是所有成功的秘诀所在。

那么，我们是如何不知不觉浪费掉日常生活工作中那些"碎片化"时间的？

　　刚刚走出大学校园的王乐乐，通过激烈的竞争，成了一家大型连锁企业的员工。

　　王乐乐工作十分努力刻苦，不到两年时间，她便晋升为一家门店的店长。为了做好自己的工作，她比以前更加努力了，事必躬亲，兢兢业业，不过也因为职位比以前高的关系，她要做的事情更多、更烦琐了。

　　天天忙得晕头转向的王乐乐觉得十分疲惫，不管她怎么努力，总是觉得时间不够用，一大堆事做不完，而且工作效率很低。

　　为什么会出现这种情况呢？王乐乐花了好长时间去思考，最终她发现了问题所在。之前她的工作内容比较单一，她一天中几乎都在做同一件事，除了部分休息时间外，不会再花费其他的时间了；而她升职之后，做的很多事情都非常烦琐，她将时间拆分之后，每件工作花费的时间都不长，但是不同的工作之间总是有短时间的间隔，可能也就10～15分钟左右。这段时间她并不是分给自己休息的，只是空白的时间，虽然时间不长，但是一天下来这些空白时间加起来也有不少，她的时间就是在这样的情况下浪费掉的。

你有没有像故事主人公那样的感受？每天总是被琐事缠身，明明努力去做了，明明没有给自己偷懒的时间，但时间还是不够用，工作效率还是不够高。这是怎么一回事？其实，这就是时间分配方面的问题。

问题1：你有太多的休息放松时间。

在工作当中，我们有时会因为疲惫而给自己一些放松的时间，毕竟保持8个小时的专注力去工作并不是那么容易的事情。但是有些人能够合理安排休息时间，有些人却安排过多的休息时间，将休息时间安排得比工作时间还多，这样一来你自然不会有高效率。

不要总想着喝点东西休息休息，也别总抱着茶杯。在工作的时候就专心去工作，当完成了一部分工作之后，再去休息才是真正放松的享受。

问题2：过多的睡眠打乱了你的状态。

睡眠是我们生活中必不可少的部分，目的是为了让我们的身体能够得到充分的放松和休息，而8小时足够了。但是有些人总是习惯性晚起，早晨是头脑最清醒的时候，这个时候工作或是解决一些难题往往是思路最活跃的时候。如果将这段时间用在多余的睡眠上，那么你就错过了工作效率最高的时间段。所以，不妨

放弃那些多余的睡眠，然后再看看自己在那段时间里能够做完多少事吧！

问题3：沉迷于碎片化信息。

在这个时代，大家几乎都是手机不离手，睁开眼第一时间看手机，睡前迟迟不闭眼，也要翻看手机。其实看似简单的习惯，实际上浪费了很多时间。比如你在工作的时候，手机响起了微信提示音，而你恰恰刚刚进入状态，于是你停下来，看消息，发现只不过是一个广告，恰好朋友圈有了新的内容，于是你抱着看一看的想法打开了朋友圈……

看吧，你本来应该工作的，却不知不觉"跑题"了，当你回过神来，又要重新投入专注，无疑浪费了一些时间，效率自然不可能高。

又或者，你喜欢在下班之后安排一些娱乐活动来放松自己，可是娱乐的时候你总觉得时间很短，意犹未尽，直到很晚才回家，然后继续翻看手机，迟迟不愿休息，如此一来你的睡眠便只能推后，第二天也没有良好的精神状态。

娱乐是为了放松，但如果你把娱乐作为生活的主体，那么你的生活就失去平衡了。娱乐不仅不会放松，还会让你觉得疲惫，影响你的工作，甚至是生活。当然，看电视、看电影都是一样的，这些娱乐如果让你需要抽时间来满足的话，那么就放弃吧，把更多的时间留给休息，而不是应付，这样你的生活才会回归正轨，你的效率自然也会大大提高。

看吧，时间时常在我们不经意中溜走。打个比方，一天的时间就相当于一个圆圆的大蛋糕，我们喜欢将蛋糕切成大块来吃，相信没有人喜欢蛋糕渣，但是不可否认的，蛋糕渣也是蛋糕的一部分，而且积少成多。也就是说，我们总喜欢大时间段，总是忽视那些零碎的时间，也就是时间碎片。但事实上，我们对大时段的安排并没有太多可以改进的余地，我们从时间碎片入手，反而能够有更好的效果。

几秒钟、几分钟这样的时段虽然很难去做什么事情，不过，时间碎片就像积木一样，是可以重组的，我们要做的就是对这些琐碎的时间进行收集，然后拼凑成一块大一些的时间蛋糕。

看看历史中那些了不起的伟人吧，他们总是做了很多了不起的事，但是他们的时间就比我们多吗？还是说他们的时间过得比我们慢？其实你我都知道，这是不可能的，每个人每天都只有24小时，一秒钟都不会多，时间走得速度也是亘古不变的。只是这些伟人善于把握那些零碎的时间。

巴尔扎克就是善于"挤时间"的代表。他一生当中创作出了90余部优秀作品，其中不乏世界名著。他是怎么做到的呢？看看他的时间表我们就明白了。他一天工作12个小时，比我们正常上班要多出4个小时，他在工作的时候，不会做创作以外的事情，但是在他用餐的时候，或是临睡前，脑子里却总是在转着工作的事情。而他的很多灵感也是从生活中找到的。

当然，巴尔扎克只是一个代表，还有很多伟人都是懂得利用时间碎片的人，比如牛顿、爱因斯坦，又比如爱迪生等等。他们总是知道时间碎片的价值，无论是旅途中，还是散步的时候，

抑或是等人的时间，他们都用来思考问题，而这些原本琐碎的时间，就这样被他们利用起来了。

琐碎的时间其实很多，可以利用的更多，没有挤不出来的时间，只有不愿意这样做的我们。琐碎的时间比起浪费而言，你完全可以用来发展自己的个人爱好，一个小时在你看来或许很难挤出来，但是看看那些忙碌的人吧，他们总能挤出一些时间来。只是，你要挤出一定的时间，需要你的决心。

威尔福莱特建造自己的织布王国用去了40年时间，他到底有多忙想必不用过分描述。他也是个绘画爱好者，也曾梦想成为一名画家，但因为真的太忙，一直无法完成自己的心愿。

上了年纪的威尔福莱特有一天突然觉得，自己大半生除了金钱什么都没有留下。他开始反思，终于下定决心："不管工作多忙，每天必须抽出一小时画画。"

为了不受干扰，他强迫自己每天5点之前起床，一直画到早饭时间。就这样坚持几年以后，威尔福莱特成了一位名副其实的画家，他的油画被展出，其中有几百幅画被收藏家以高价买走。他还成功地举办了多次个人画展。

正像哲学家费尔德所说的那样："成功与失败的分水岭用5个字就可以概况——我没有时间！"

有的人或许会说这样有节律的生活实在是太枯燥了，但如果你能够找到自己的兴趣所在，为这点兴趣节省时间，你不会觉得枯燥、压力大，你只会乐在其中，只会感到充实。就算你的兴趣爱好花费了你不少时间，但对于你而言，这都是最美妙的时光，是心灵的休假。

所以不要总是逃避时间碎片了，将它们收集起来吧，如果你真的这样做了，用不了多久你就会发现，你的"时间财富"在不知不觉中增加了许多。

效率低下，时间都被偷走啦！

时间管理说起来容易，实际操作起来一点也不容易，毕竟，我们的生活中有太多诱惑让我们无法专心致志。日常工作中，你是否时常感觉自己忙忙碌碌，却仍旧完不成任务？有时，就算没有低估任务完成的时间，而且在一开始就行动了，到最后时限仍旧完不成任务。

每当这时，大家的心情总不会太好，因为自己付出了努力和时间，却拿不出可以炫耀的成绩，究竟问题出在了哪里？其实，一个人的成就取决于他24小时做了哪些事情。说时间不够用，其实是你没有计划好时间，不会计划时间的人，等于是在浪费时间。

如果做个比喻的话，这就像是上学时期，每天都拿着笔和书，恨不得一天都在学习，但成绩还是不出众。每当这时，大部分人可能都会怀疑自己的努力是否有意义。当然，努力就会有回报这并不是一句戏言。之所以你觉得自己的付出没有回报，很可能你的努力没有竭尽全力。

当我们付出了时间，却没有得到相应的回报时，问题就只有一个，那就是效率低下。没有效率，付出再多的时间也毫无意义。毫不夸张地说，效率是时间最大的小偷。

那么，为什么会出现效率低下的问题呢？如果你仔细回想，也许就会发现端倪了。

大学时的一堂哲学课上，教授出其不意地在讲桌上放了一个大水罐子，然后又变戏法似的从桌子底下拿出一块刚好可以装进水罐的大鹅卵石，他做完这些以后问学生们："你们说，这罐子是不是满的？"

"是！"几乎所有人异口同声地回答。

"你们确定？"教授诡异地笑了，然后从桌子底下又拿出一袋碎石子，"哗啦啦"地倒进去，然后摇一摇，再加一些，又问道："刚才你们不是说它满了吗？结果呢？现在你们再说，它满了吗？"

有了第一次上当，学生们也学聪明了，不敢答得太快。最后，有位同学站起来，用不太肯定地语气答道："也许还没有满。"

"学聪明了！孺子可教。"教授笑眯眯地说道。然后又从桌子底下拿出一袋沙子，只见他将沙子缓缓倒入罐子中。

"现在，你们再回答我，这个罐子满没满？"

"没有满！"大家又一次异口同声。

"不错！看来我教得不错！"就在大家一头雾水的时候，他又从桌子底下拿出一大瓶水，将水倒入罐子中。最后，教授非常认真地问我们："你们学到了什么？"

同学们有些摸不着头脑，所以一片沉默，最后有个胆大的人站起来回答："不管生活有多忙碌，工作有多繁忙，如果挤一挤，时间还是有的。"

教授点头表示认可，随即话锋一转："你说的对，但这并不是我要教你们的。"说到这里，他故意停了下来，同学们不由自主地都屏住呼吸，等着教授说出答案。没想到，他非常认真地说："我想告诉各位的是——如果你们不先把大鹅卵石放进去，那么以后也许就永远也没机会把它放进去了。"

那么，什么才是我们"最大的鹅卵石"？生活和工作中，我们常常抱怨自己的时间不够用，似乎无时无刻都有这样那样的事情抢占我们的时间，让我们的计划一再被拖延。其实，很多时候是我们自己没有弄清楚事情的轻重缓急，把那些细枝末节装进了我们的时间规划中，而丢掉了最重要的"鹅卵石"。

那么，如何彻底解决效率问题，让有限的时间发挥更大的作用？美国管理学家科维的"时间四象限法"非常值得借鉴，具体

的分析是这样的。

第一象限：重要又急迫的事。

诸如圆满完成工作、说服重要客户等等。

这很考验我们的经验、判断力，也是必须用心耕耘的地方。一不小心，我们很可能会一事无成。事实上，很多重要的事情都是因为我们一再拖延或是准备不足，而功败垂成。

第二象限：重要但不紧急的事。

主要包括长期规划、问题的发掘与预防、学习力的提升等等。

怠慢这个领域会使第一象限问题严重，使我们陷入更大的被动，疲于应付生活危机。而多投入一些时间精力在这个领域，等于是在为第一象限做好前期准备，很多危急的事情将无从产生。然而，这个领域的事情无法给我们制造紧迫感，所以我们必须自律，主动去做。

这更是低效与高效的分水岭，建议大家多投入一些精力到这里，以使第一象限的"急事"尽量减少，不再"瞎忙"。

第三象限：紧急但不重要的事。

比如有电话呼入、有客突然来访，都属于这一类。

有些人会错误地将其纳入第一象限，因为"紧急而迫切"，但很明显这些事并不十分重要，就算重要也是对别人而言。我们如果花太多时间在这里，对生命就会是一种辜负。

第四象限：不紧急也不重要的事。

比如，和网友天南海北侃大山，阅读令人上瘾而毫无营养的小说，工作时间化妆、美甲等。简而言之就是在虚耗生命。

最后还有两个关键：首先做一件事最好一次把它做好，那么下次当你再遇到类似事情时，你会熟能生巧，你的效率自然很高；另外就是做"时间日志"，你每天做了什么事情，花多少时间在做哪些事情，一一详细记录下来，每晚做个总结。你会发现，你每天浪费了很多时间。当我们找到了浪费时间的根源，我们才有办法做好时间管理。

能让别人做的事，干吗浪费自己时间呢

萧伯纳曾经说过："假如你有一个苹果，我有一个苹果，当我们交换之后每人仍然只有一个苹果；但是，如果你有一个想法，我有一个想法，当我们交换之后每人就会有两个想法。"

这句话看似简单，其实却蕴藏着时间管理上的奥秘。我们不妨思考一下：在一个企业中，是员工比较忙碌还是管理者比较忙碌呢？相信这个问题的答案每个人都有不同的看法。有的人认为管理者比较忙碌，因为管理者要负责的事务很多，所以相应的，工作应该更加繁重；而有的人则认为是员工比较忙碌，因为员工需要做很多杂事，而管理者所需要做的就是将工作分配给团队的员工负责。

这个问题的答案可以说是仁者见仁，智者见智。从企业管理

者的角度而言，不同的管理方式也会有不同的回答。那么，让我们用萧伯纳的逻辑来重新思考一下上面的问题：一项任务，如果可以交给合适的同事或是下属去做，那么，相当于你自己节省出了完成这个任务的时间，那么，如果你利用这个时间再去完成另一件任务，那么就等于同时完成了两项任务。在这样的情况下，时间的利用效率是不是提高了呢？

作为刚刚毕业的大学生，陈磊和赵飞两个人一同进入某公司实习，两个人都在公司的门店工作，虽然他们俩都非常认真和努力，但是两人的工作方法却有着很大差异。陈磊是个非常务实的人，他平时做什么都是亲力亲为，而赵飞则在拿到工作之后剔除一部分自己不擅长的工作交给同事去做。

客户如果找陈磊，那么陈磊一定将客户的问题原原本本地记下来，然后自己到各个部门去询问原因，然后再总结，反馈给客户。而赵飞则在接待客户之后，将客户的问题分成几类，然后交给不同部门的工作人员去解决，最后自己反馈给客户结果。同样的工作，赵飞做起来总是更轻松。

到了提拔店长的时候，上司提拔了赵飞，陈磊非常不服，他觉得自己因为总是跑各个部门，对于每个问题都了如指掌，而赵飞只是偷懒，凭什么让赵飞当店长呢？上司知道之后，给了两个人每人一周的实习期，让两个人都当一周的店长。

赵飞上任之后，很快就适应了，所有的事务他都先进行分类，将不同的事务分配给员工，而自己则处理一些比较重要的事情，接待比较重要的客户。还找了一个员工专门负责考勤，在他的管理下，门店秩序井井有条。

而陈磊则陷入了困境，他觉得工作一下子成倍增长了，包括每天早晨盯着员工打卡，检查他们的仪容仪表，还需要在门店查看柜台是否干净，有时因为这些琐事他甚至在约见客户时迟到。

最终，陈磊不得不承认，赵飞比他更适合店长的位置。

作为管理者而言，需要负责很多事务，这是不争的事实，但是有些管理者并没有每天加班，同样能够管理好团队，这就是一种智慧了。正所谓好钢应该用在刀刃上，管理者是企业的重要角色，不管是高层管理，还是手下只有几人的小组长，学不会授权，放不开手，那么不仅浪费了自己作为管理者的才能，也浪费了宝贵的时间。

拿上面的事例来说，陈磊显然太过大包大揽了，因为事必躬亲，什么事情都要做，而时间又有限，自然无法顺利完成工作。而赵飞就聪明多了，他更有管理的智慧。比起自己亲力亲为每一个流程，不如做好重要决定，做好监督，自己不擅长的工作就交给擅长的人，这样他才有时间做更多重要的工作。陈磊呢？因为一些杂事而错过了重要的事，实在是得不偿失。

如今的社会是一个团队合作的社会，工作基本都是以团队为单位的，即便是分配给我们的任务，中间也有不属于我们负责

的部分，这部分你不需要花大量的时间去钻研，重新学习，直接交给相关工作人员来解决，你用省下的时间可以做更多重要的事情，这才是时间分配的智慧。

即便你不是领导，是一名普通员工，也应该学会这种技巧，有时候上司给你安排的任务并不代表要你全部完成，毕竟一项工作中涉及很多方面，对于自己不了解的领域，就找专人来做，这样做并非偷懒，而是提升了一项工作的进程，节省了完成工作的时间。对于这样的结果，大家都是喜闻乐见的，毕竟它节省了所有人的时间。

"时间管理"对于我们每一个人来说都是非常重要的，"一寸光阴一寸金"正是反映了时间的可贵。如果说一个人的时间管理是涉及一个人的个人成败的话，那么，管理者的时间管理除了个人的成败，更关系到了组织的成败。领导时间管理得好，就能保证在有限的时间里做他应做的事情，实现领导工作的高效能。

聪明的管理者总是能够妥善地安排好自己一切的时间，让自己的时间用起来更有效率，他们可以很好地掌握时间的节奏，让自己做起事情来更轻松，而富有活力。没错！时间就是资本，而这种资本往往蕴含着美好、朝气和活力。我们安排自己在对的时间遇到对的人，我们安排自己在对的时间做好对的事情，我们让一切都井然有序地发生着，并在这个过程中经营着更为优秀的自己。

以不愿意浪费一元钱的心理来分配时间

有一天，佛陀询问弟子："我们的生命有多长时间？"

一位弟子抢先回答："数日间。"

佛陀摇头说："你还不懂这个道理。"

于是，又再问道："人命有多长期限？"

另一位弟子答道："饭食间。"

"你也不明白。"

最后，佛陀再次提出同样的问题，一位弟子举手道："生命在呼吸之间。"

佛陀笑了。说道："你说对了，人的命在呼吸之间，出息不还即是后世。"

这个故事其实就是在告诉人们，生命的意义就在于当下，在于今天，在于我们当前拥有的分分秒秒之中。关于人生的长度，也许这是一个有些哲学意味的答案，但是我们可以从理论的角度来计算一下，假设我们可以活到90岁，那么，我们的人生长度就是：90年=1080月=32400天=777600小时=46656000分钟=2799360000秒。这个数字看起来如此庞大，似乎我们的人生时间相当充裕，但实际上是这样吗？

我们不妨来再看一个小故事:

曾经有一个年轻人觉得生活非常无聊, 终日为空虚所困, 于是他找到了当地最有名望的哲人, 想要向哲人请教让自己改变的方法。见到哲人之后, 他这样说道: "先生, 我觉得人生非常迷茫, 我找不到自己的价值, 我觉得自己一无所有……"

哲人笑着说: "你说你迷茫我相信, 可是你说你一无所有, 我却一点都不相信。"

"那你说说我有什么?"年轻人很不服气。

哲人说道: "你有最宝贵的财富——时间啊! 你每天都有86400秒, 就像是定期到账的银行存单一样, 这难道还不够宝贵吗?"

年轻人却一点也不买账: "我觉得时间对于我而言没有任何意义, 时间不能变成饱腹的美食, 也不能变成御寒的衣服, 我也正是因为漫长的时间才感到空虚, 我有一天的时间, 别人同样有, 这于我而言有什么意义呢? 还不如给我86400元钱呢。"

哲人听后叹了口气, 说道: "我曾经见过将死之人, 对于他们而言, 时间是多么宝贵的东西啊! 我也曾遇到赛跑的人, 在他们看来, 哪怕只是一秒钟, 也是相当宝贵的。你这么年轻, 有这么多时间, 却不懂得利用珍惜, 反而任其流逝, 一味空想, 再没有比你更奢侈的人了。"

　　生命只有一次，时间才是我们最大的财富，而我们拥有的时间只有当下，拥有了现在，我们也就拥有了过去和未来。对于很多觉得时间匆匆，一天天如流水的人而言，一天的时间实在太少。

　　其实，时间过得快与慢全在于你的选择，一天的确有24个小时，但是24个小时还可以拆分成86400秒。你可以将这86400秒攥在手中，合理分配，创造出人生的奇迹，当然，你也可以选择无视它，任它流逝，最后留你长吁短叹。如果把小时分配成秒，来看待每一秒的意义，你就会明白，自己做了多少虚无的事，浪费了多少宝贵的时间了！

　　就像故事里的年轻人一样，很多人一边感叹时间流逝，一边又没有任何行动。只是看着时间流走。看着身边那些雷厉风行的同事，佩服他们工作效率，佩服他们似乎拥有比我们多的时间。然而，上天是公平的，每个人每天都有86400秒，谁的时间都不会多一些也不会少一些，真正的人生赢家，是懂得将时间按秒分配的人，他们知道积少成多，他们知道珍惜每一秒时间，所以才有更多的时间去做更重要的事。

　　对于那些知道时间意义的人而言，一天的时间或许也不算长，但是一天时间可以做许许多多的事情。所以，对于浪费时间的人而言，需要改变的首先是对时间的看法。喝口水用几分钟，上洗手间用多长时间都没有考虑过，因为他们觉得这是人之常情，没有必要想得那么细致，但是在做这些事的时候，出于想逃避工作，总会延长这些事本来需要的时间。喝口水便用去10分

钟,上洗手间用掉半小时。如果拆分成秒,那么这两件事就浪费了2400秒。

要知道,时间每时每刻都在流逝,不管你是在有效利用,还是在虚度光阴,时间面前人人都是平等的,每一天的86400秒,都是过期作废的。所以那些成功人士,都是懂得珍惜时间的人。古人就写下过"明日复明日,明日何其多"的诗句提醒人们珍惜时间,而鲁迅先生更是告诫大家:"浪费时间等于谋财害命。"可见时间的珍贵。

因此,我们的生命应该用秒来计算,秒针的滴答声中,我们时刻都必须思考自己是否在浪费自己的时间和生命,警醒自己抓紧时间去奋斗拼搏。

常言道:志士惜年,贤人惜日,圣人惜时。一个人的梦想越是远大,就越是珍惜时间。珍惜每一天的这86400秒吧,我们要慢慢学会如何去利用它,当你开始主动意识到这一点的时候,开始采取行动的时候,那么你就离成功就更近了一步,你离有效掌控时间就更近了一步!

学会从日常细节中"挤"时间

工作和生活中我们经常听到有人说:"我现在没时间,等我闲下来再做""等我手上没什么重要事情的时候再做"……我们真的一直这么忙碌，没有空闲的时间吗？不，我们可以坐在沙发上悠闲地看电视，在游泳池边尽情玩乐，但就是没有"空"的时间，为什么会这样呢？

　　14岁的小海是一个勤奋的孩子，很小的时候就开始学钢琴，每天一练琴就是三四个小时，他认为自己做得很好，但他的钢琴教师爱德华却不赞同："你将来长大后每天不会有长时间的空闲的，你可以养成习惯，一有空闲就几分钟几分钟地练习。比如在你上学以前，或在午饭以后，或在工作的休息余暇，5分钟、5分钟地去练习。把小的练习时间分散在一天里面，如此弹钢琴就成了你日常生活中的一部分了。"

　　那时小海对老师的话未加注意，但后来在哥伦比亚大学教书的时候，他才深刻地领悟到这一真理。

　　小海想课余时间从事创作，可是上课、看卷子、开会等事情，把他白天、晚上的时间完全占满了，差不多有两个年头他不曾动笔写下一个字。后来，小海想起了老师的话，他决定实验一下，每天只要有5分钟左右的空闲时间，写作100字或短短的几行字就行。

　　让所有人都大吃一惊的是，日复一日，小海居然积累了相当厚的稿子。后来，他用同样积少成多的方法，创作了一篇长篇小说。再后来，他的教授工作一天比一天繁重，但是每天仍有许多可资利用的短短闲暇。同时他还练习钢琴，他发现每天小小的间歇时间，足够他完成创作与弹琴两项爱好。再后来，小海成了美国近代著名的诗人、小说家和出色的钢琴家，取得了辉煌的成就。

小海的经历告诉我们，生活中有很多零散的时间是大可利用的，如果你能化零为整，那你的工作和生活将会更加轻松。你可能会说，这几分钟没什么用。真的是这样吗？其实，这种化零为整的时间管理法则的优势，要过一段时间才会很明显地表现出来。

我们来整理一下，假若你每天的空闲时间只有1个小时，一旦你让它白白地消磨过去，这就表示你10年后将浪费3650个小时，或在生命中浪费152天。这些时间里你原本可以做多少事情？将会给你的事业带来多大的损失呢？恐怕不可估量。

哈佛大学有一个著名理论：人的差别在于业余时间，而一个人的命运决定于晚上8点到10点之间。只要抓紧时间，就能挤出时间，再多的事情也是可以解决的。

接下来，我们可以这样做。

比如思考一下，你每天把时间花在哪些事情上，把它们详细地记录下来，每天从刷牙开始，洗澡、穿衣花了多少时间，早上搭车花了多少时间，出去拜访客户花了多少时间……把每天花的时间一一记录下来，做了哪些事，你会发现浪费了哪些时间。当你找到浪费时间的根源，你才有办法做出改变。

另外，平时有些比较复杂但并不急于完成的事情，你也可以将其分成几个阶段，利用空闲时间完成。假如你想写一篇小说，平时你可能因工作忙没时间写，那不妨坚持每天空闲时写一两千字。如此一来，不仅可以有效利用空闲时间，而且所得到的成绩必定要比仓促赶工来得完美。

第八章
开上时间快车，
终于不用再加班了！

　　生活中，有的人用一个月的时间就写成了一本小说，也有的人把原本五分钟就能完成的工作拖沓了一个小时。每每这些时候，我们甚至会怀疑自己是不是遭遇了"相对论"一般的诡异时空，可实际上，如此巨大的差异，仅仅是因为有些人能够在细节上优化利用自己的时间，提升自己的时间利用质量，最终创造了看似"不可能"的奇迹。

时间如此重要,
是不是所有会议都有必要?

职场中,我们都会有这样的体会:干不完的工作,开不完的会议。部门有部门的会议,部门之间要开会,上司要求开会,协调下属还要开会。诚然,会议是一个企业或是一个团队与各个环节、部门之间进行交流的平台,对于团队和个人来说都是非常重要的。但是,相信每一位职场人士都会在心里隐隐约约地存在着一个问题:是不是所有的会议都有必要?

我们之所以会有这样的问题,是因为我们常常会遇到这样的情况:当我们的工作进行到一半的时候,当我们的工作渐入佳境的时候,会议往往会打断我们的工作状态,同时我们又无法拒绝,很可能在会议当中会强制我们进入计划中没有的另一项工作。当然,还有更糟糕的情况,那就是开了许久的会议,却仍旧未能讨论出一个结果,时间就这样白白地浪费掉了。

那么,有没有什么办法可以避免这种情况?

麦肯锡公司是世界知名的管理咨询公司,这个公司备受很多企业的青睐,只是这样一个了不起的公司,也曾因为沟通问题而失去过客户。

　　有一次，麦肯锡公司的一名员工负责一个重要的项目——为一家大公司提供咨询服务。这名员工在30层的电梯间里偶遇了客户——对方公司的董事长。打过招呼后，这名董事长便问员工现在项目的讨论结果。一下子这名员工就愣住了，这是一次偶遇，之前他并没有准备好要和对方谈论这件事，换一个角度，即便他事先准备过，电梯从30层到1层的这短短几十秒的时间也不够他把事情原原本本地说清楚。

　　就这样，在对方问完问题之后，这名员工沉默了。结果很显然，对方不打算继续使用麦肯锡公司的服务了。这次短暂的"电梯之行"让麦肯锡公司失去了一个大客户。

　　这事也许只能说是一个意外，但是麦肯锡却从中发现了一个问题。在这件事情之后，他开始要求自己的员工，不管什么事，都要在最短的时间内表达清楚，做事要直奔主题。

　　麦肯锡进一步总结得出，在大多数情况下，人们最多只能记住一二三条，而不会对四五六条再有印象，所以凡事都要归纳在3条以内。这就是如今在商界流传甚广的"30秒钟电梯理论"，也被称作"电梯演讲"。

　　麦肯锡因为失去了一个大客户而创造出了"30秒电梯理论"，他指出，即便很多时候需要表述的东西很多，但是人们往往只会记住前三条，对后面的几条不会有印象，因此在表述的时候要尽可能将需要说的重点总结成三条来说。通俗来讲，也就是化繁为简。

　　这种尽量保持简明扼要的方法，完全可以运用在开会这件事上，可以大大缩短会议的时间，提高会议的效率。不过问题也随之而来：对于那些本来就不复杂的问题而言，我们简单处理没什么难度，但是对于本身就复杂的问题，要怎么做呢？难道只讨论简单的部分？自然不是，我们需要一种能力，一种归纳总结的能力，将复杂的事或工作进行分解，加入自己的理解，这样你的总结能力就会比别人高出许多。

　　当然，你还需要判断能力，毕竟归纳总结最重要的信息总需要抛弃一部分东西，所以你需要学会判断哪些是重要的部分，哪些是可以忽视的部分，只有将重点进行提炼，才能实现简化语言、提高效率，如果你不能准确判断，疏漏了重点，那么整件事可能就需要进行重新讨论，这个时候问题反而会变得更加复杂，节省时间也就无从谈起了。

　　也有的人认为把简单的问题复杂化，可以更加严谨，但是环节越多，出现问题的可能也就越多，也意味着需要更多的讨论时间。这样费力不讨好的事情，为什么一定要去做呢？我们要想提升开会的效率，可以首先从自身做起，学会过滤自己工作的环节，把复杂的事务简单化，然后又快又好地完成任务。这种做法，直接地提升了开会的效率。

　　这种化繁为简的思路无须多说，大家都明白，而且很多人都觉得把简单的事情复杂化那是学者和研究人员才会去做的事情。但可惜的是，在简单的做事方式和复杂的做事方式之间，我们总会惯性地去选择复杂的处理方式。这样做的结果，显然会让我们在工作未开始之前就已经被眼前的困难吓倒了。

无论是对于开会还是其他方面，我们都应该尽量做到简化思路，化繁为简。道理很简单，"化简为繁"只会给我们的工作和生活带来混乱。对于开会而言，要把效率放在第一位，有更简单的解决方式就不要选择传统的方法，要记住，我们的工作重点是结果，而不是烦冗的流程。

用"黄金时间"打造"黄金效率"

生活中，我们的身边总有这样的一些人，他们能充分利用自己的时间，做很多事情。谁也不知道他是怎么办到的，比如三天阅读完了一本书，而且工作还很忙；再比如利用一个月的时间写成了一部小说，在旁人看来，这都是令人不可思议的奇迹。

然而我们身边还有这样的一些人，他们在工作和生活中没有丝毫的时间意识，比如一件5分钟可以搞定的事情硬是拖沓了半个小时，这虽然看上去是小事情，但时间就这样如流水一般荒废了，要知道这流失的不是别的，而是自己生命。

其实，时间对于每个人来说都是非常公平的，没有谁可以比别人多拥有哪怕一分一秒。那些能在时间和效率上创造奇迹的人，无非是极大地提高了时间的利用质量而已。

有一次，著名演员阿东准备接受电视台的采访，一向守时的他提前赶到了电视台。可是，就在采访开始前的十几分钟，突然出了一个小小的插曲。按照惯例，在节目开始之前，被采访的嘉宾会提前和主持人接触一下，双方会进行简单的交流，大致聊一下采访的内容，借此消除紧张情绪，同时增进了解。可就在阿东和主持人要见面的时候，阿东忽然停在了屋子的外面，表示先不进去，并且请人通知主持人稍等一下。

这一举动让现场的所有工作人员都有些懵了：难道是哪个环节安排不周，得罪了这位大明星？或者，这是大明星在摆范儿？……就在大家胡乱猜想的时候，阿东推开门，满面春风地走了进来，非常优雅得体地和工作人员们打了招呼，然后微笑着和主持人一起坐了下来，双方开始了正式的交流。

刚一坐下来，阿东便开始向大家道歉："抱歉，耽误大家的时间了！"主持人没想到阿东这样的大明星竟然会如此谦虚诚恳，连忙说不介意。

"刚才我的状态不太好，情绪状态没有达到最好，我担心会影响到节目的质量，所以我站在门外平静了一会儿，调节好了之后才进来，这样一来就耽误了一些时间，真是非常不好意思。"阿东微笑着解释道："每个人的状态都有好的时候，也有不好的时候，当我状态不佳的时候，我会躲在不太显眼的地方尽快调节好自己的情绪，这样才能以更高的效率进行下一步的工作。"

　　"这短短几分钟的调节真的那么重要吗？"主持人非常好奇地问道。阿东微笑着回答道："其实就像你们做访谈节目，并不是滔滔不绝地说个不停就能达到最好的效果，要想达到最好的结果，就必须知道什么时候该说话和什么时候该说什么样的话；而在具体做某一件事情的时候也是如此，并不是忙忙碌碌累得团团乱转的人就能做得最好，而要学会找到自己的'黄金时间'，运用自己的'黄金效率'，这样才能用最少的精力做好最多的事情。简而言之一句话，效率比傻干更重要！"

　　那么，什么是"黄金时间"和"黄金效率"？"黄金时间"就是一个人一天中思维最活跃、记忆最牢固、思路最开阔的时间段。如果把最重要的工作内容放到黄金时间中去执行，一定会比其他时间更轻松、更有效率，因此也称之为"黄金效率"。

　　聪明的人们都非常注重做事的效率，他们会把事情考虑得相当周全，然后按照步骤一步一步地推进，当然每一个步骤他们都精心的计划好时间，让一切能够按照步骤有效地进行，从而达到最高的效率。

　　懂得提升效率的人，会很好的掌握自身的节奏，然后一点一点地去达成自己的计划，有些人可能一生都无法很好地编排自己的时间，但是有的人却把自己的人生规划的相当完美。当一件事情做完，下一件事情就会搬上日程，他们就这样一件一件的处理，一件一件的经营，把一切就这样办妥当了。

或许这时候你会感叹：打造这样的黄金效率不是一件容易的事情。的确，这确实不是一件容易的事情，但是只要你能够把一切想周全，把每一个步骤想完美，做起事情来就会高效得多。时间和事情之间总是存在着很多必然的联系，我们完成一件小事情需要多少时间，对方有多少时间能听你把话说完，有多少日程需要跟进，有多少事情需要快马加鞭，这些都需要我们进行精心的计划，每一步的安排绝对不可以在时间上出现偏差。

找到属于自己的黄金时间，最大限度地提升效率，不仅是一门技术，更是一门学问，或许说还带着那么点艺术的细胞，能够编排时间的人好像是在配菜，总是能把最对的事情放在最对的时间上，而这些完美的搭配就在他们的脑间划过，进行着周密的计算，每一个计划最终都成了最好的安排。

很多人不了解自己的黄金时间，胡子眉毛一把抓，比如在最好的时间里打一些不太重要的电话，回复一些不必要的邮件，白白浪费了黄金时间。等到有重要的事情要做时，已疲惫不堪，精力完全顾不过来了。于是一天下来，工作倒是不少做，但是效率并不是很高，下班后加班加点，忙到很晚。

事实上，很多身在职场的人都没有留意到这一点，而是稀里糊涂地以为只是任务重、时间紧。殊不知是因为自己没把握住黄金时间。比如：上午9点到11点，大脑最清楚，效率最高，却用来上网聊天了，等到下午想好好工作的时候，大脑却已经进入了疲劳期。如此一来，就等于没有把工作和生物钟恰到好处地结合

起来，让最能创造价值的时间白白浪费了。这样导致的结果，自然就是效率低下。

如果一天里最好的时间被充分利用，那么这一天的工作效率就会比别人高出很多。因此，充分了解自己的生物钟并合理运用自己最好的时间，即所谓的黄金时间，是一种快速获得黄金效率的必经之路。

有人天天奔波却焦头烂额，无所建树；有人看似悠闲安逸却取得了让人羡慕的成就。前一种人很努力却也很悲哀，因为他们不懂得效率比傻干更重要的道理。我们不仅要坚持不懈地努力，更要懂得怎样去努力才能达到最好的效果，只有如此，才能更快品尝到成功的滋味。

了解人体效率的"生物钟"

不知大家有没有过这样的体会：同样是工作一小时，有时精力充足，积极性很高，效果也很好；有时却精神萎靡，不仅觉得工作没劲儿，效率也会降低不少。

其实这是咱们的"生理时间表"在发生作用，我们的身体依照内在的生理时钟，在一天之中有着不同表现，如果能顺着生理规律来安排时间，那就能更高效地工作，事半功倍。

那么，怎样的工作时间安排才是最有效的呢？现在我们就来一起整理下，一天中的那些"生理时间表"，让我们的工作、生活像抽丝般井井有条。

1. 上午6：00～9：00

这个时间段，我们的机体休息完毕并进入兴奋状态，肝脏已将体内的毒素全部排净，头脑清醒，大脑记忆力最好。这时可以做一些需要记忆或者发散性较强的工作。

俗话说"一天之计在于晨"，好好利用这点时间，这样工作的一天就有了一个好的开头。

2. 上午9：00～11：00

这可是一天的"黄金时期"，此时神经兴奋性提高，身心处于积极状态，记忆仍保持最佳状态，大脑具有严谨、周密的思考能力，创造力最旺盛，很容易进入最为强盛的"工作状态"。

这段时间可要好好把握，若虚度就太可惜了，可以适当安排一些难度比较大或者烦琐的工作。

3. 中午 12：00～14：00

此时人的反应会较迟缓，精力出现消退，是身体的"午休期"，我们最好静坐或闭目休息一会。

就算没有条件休息，也要尽量"偷偷懒"，做一些简单的运动，或者听一点轻音乐，让心情和身体都适当放松一下。

4. 下午 14：00～16：00

这是人体分析力和创造力得以淋漓发挥到极致的时段，是我们身体的高峰期。

5. 下午 16：00~18：00

此时是我们身体的低潮期，也是我们工作快结尾的时候了。这时身体处于疲乏的阶段，需要重新改善。最好是补充一些新鲜的水果，既能解馋，又能补充身体的能量。

6. 晚上19：00~21：00

此时应为身体暂憩期，此刻的休息是非常必要的。进餐之后，休息一会儿或者轻松的散步都是不错的选择。如果你晚上还要继续工作或者学习的话，更要善待这段时间，充分放松。

7. 晚上22：00~24：00

经过整日忙碌，此时身体进入夜眠期，睡意降临，细胞修复工作开始，放松心情进入梦乡是这个时段的主要任务。记住，千万不要再思考过多的问题了，因为那样会让身体过度负荷，翻来覆去睡不着，严重影响到第二天的工作状态，得不偿失！

当然，我们每个人在一天当中"最有效率"的时段不尽相同。比如，有些人可能在一大早醒来最有精神、效率；有些人上午的工作效率不高，到了下午精神才慢慢地好起来；还有一些人是"越夜越有元气"，入夜后，脑细胞兴奋活跃，精力充沛，思维敏锐，一直工作至深夜也毫无倦意。我们得找出自己的"生物钟"巅峰是哪里，低潮在哪里，并且好好运用它。

避免突发状况，尽量别让工作中断

美国励志电影《阿甘正传》，相信大家都看过吧！它讲述了是先天身体残疾，智能不足的阿甘一次次抵达生命巅峰的故事，也是专心引导成功的真实写照。

无论何时何地，阿甘都铭记妈妈的忠告："专心一意做事"。

在军队训练拆卸手枪的时候，一位同伴不停地说着自己的经历，阿甘则专注地不停地研究，等他把枪卸掉装好，那位同伴还没有卸好。

赛跑时，阿甘什么都不顾，只是不停地跑，他跑过了儿时同学的歧视，跑过了大学的足球场，成为出色的国家运动员。

打乒乓球时，阿甘就只盯着球，其他什么事情也不想，结果他成了"国手"……

为什么阿甘看似愚钝，却取得了远远超过他人的成就？原因很简单，他清楚地知道什么对自己更重要，他足够专注，能不受任何内心欲望和外界诱惑的干扰，做事时能全身心地投入。

由此可见，提高效率并不是一件复杂的事情，重要的是你能

收住心，不让其他事情扰乱，一心一意去做事。当然，这样做并非是要你断绝与外界的联系，只是建议你好好整理自己的大脑，考虑一下什么对你更重要一些。每个人都有自己的选择，但如果你渴望提高自身的做事效率，那么请你重视此时此刻的工作，专注于此刻的工作时间，全神贯注、心无旁骛，这通常是解决做事效率低下最见效的方法之一。

那些高效率的人士，他们在时间上往往都很"吝啬"，他们一般不会让玩耍、闲聊等低价值的事干扰到自己，他们会对自己的时间做出最妥善的安排，把时间的浪费降至最低，这就有了效率。

在波兰，有一个叫玛妮雅的小女孩，她学习非常专心，因为她坚信只有学好功课，才能成为一个有成就的人。

但是，让玛妮雅很烦心的是，她有一个十分淘气的姐姐。每次在她做功课的时候，姐姐就会在她面前唱歌、跳舞、讲笑话等。虽然有时玛妮雅也很想和姐姐一起玩耍，但她总会在第一时间整理自己的思绪："我不能贪玩，不能三心二意""我要专心写作业，作业写完了再玩也不迟"……因此，不管周围怎么吵闹，都分散不了她的注意力。

有一次，姐姐和几个小伙伴想试探玛妮雅一下。她们悄悄地在玛妮雅身后搭起几张凳子，只要玛妮雅动一下，凳子们就会倒下来。一分一秒地过去了，玛妮雅读完了一本书，凳子仍然竖在那儿。

从那以后，姐姐再也不逗玛妮雅了。后来，玛妮雅更是专心地进行放射性元素的研究，并且无论取得了怎样的成就，获得了怎样的名誉，她都丝毫不为所动，依旧专心于科学事业。她就是居里夫人。

俗话说得好"欲多则心散，心散则志衰，志衰则思不达"，在一件事上用了多少时间并不重要，重要的是你能否专注地去做。

假如你能有一个小时完全不受任何人干扰，思考一些事情，或是做一些你认为最重要的事情，你将会发现，这一个小时要比你花2个小时但期间分神10分钟或15分钟的效率要高，甚至可以抵过你一天的工作成效。

为此，你要学会自我意识的觉察与转移，一旦发现自己精力分散，就要在心里马上给自己喊"停"，进而使自己保持高度集中的注意力；你也可以事先准备几张写有"专心工作"之类的小卡片放在办公室里，及时对自己进行积极暗示，从无意识转入有意识的专注状态，如此就能减少工作的中断。

学会统筹安排才能忙中有序

生活中，我们每天可能要面临许许多多的事情：接听响个不停的电话、接待客户来访、参加一个接一个的会议、参加朋友聚会、照顾家人等。面对这些忙碌的事情，有些人手忙脚乱，把事情弄得一团糟；有些人却忙中有序，把事情处理得井井有条。究其差别，往往是因为有些人不擅整理，不能有效安排工作。

在这个快节奏、大压力的时代，我们会越来越多的注意到一个词语"工作狂"。更加糟糕的是，越来越多的人将"工作狂"视为褒义词，视为对自己工作的肯定。确实，站在企业的角度上，"工作狂"可以给企业创收，的确值得表扬，但是很多时候，一个人在工作上投入的时间和精力，却未必能够跟他的工作成果成正比，简而言之就是：许多人其实是在瞎忙。

之所以说有些人是在瞎忙，是因为他们从来都不懂得去对自己将要进行的任务进行统筹安排，导致忙的时候没有头绪，闲的时候又不能心静，十分痛苦。而关于统筹安排这几个字，我们不妨从田忌赛马的故事说起，这个小故事充分说明了排序的重要性，对我们是一个很好的启迪。

相传，春秋战国时期，齐王和田忌赛马，规定每个人从自己的上、中、下三等马中各选一匹来比试，一共比试3个回合，并约定每个回合获胜者可获奖金一千两黄金，奖金由失败方支付。

当时，齐王的每一等次的马都比田忌同样等次的马略胜一筹，如果田忌用自己的上等马与齐王的上等马比，用自己的中等马与齐王的中等马比，用自己的下等马与齐王的下等马比，则田忌要输三次，因而要输三千两黄金。

没有人愿意输掉这样一笔巨款，田忌当然不想输给齐王，结果他真的如愿了。这是怎么回事呢？原来，在赛马之前，田忌的谋士孙膑给他出了一个主意，对上、中、下三等马排序，下等马去与齐王的上等马比，用上等马与齐王的中等马比，用中等马与齐王的下等马比。田忌的下等马当然会输，但是上等马和中等马都赢了。因而，田忌不仅没有输掉三千两黄金，还赢了一千两黄金。

如果我们能把田忌赛马的这种排序方法应用到工作中，可以想象，其效果与不懂得排序的效果有着明显不同，其中最显著的区别就是我们能最大限度地避免混乱的忙碌、低效率的忙碌。即使面对再繁杂的工作，我们也能做到井井有条，忙而不乱，并且让自己付出的努力更有价值。

一、做出下月的部门工作计划，中午之前交给老板。

二、约见一个重要的客户。

三、12：00去机场接一个朋友，并把他送到预订的酒店里。

四、公交卡丢失了，要去公交公司办理相关的手续。

五、最近有点咳嗽，要去一趟医院诊治。

六、今天是妻子的生日，下班后要和妻子约会。

这是某公司部门经理小文所面对的某一天的工作任务，

看到如此繁杂的事务，相信很多人都会抓狂的。设想一下，你会如何安排呢?

看看小文是怎么做的:

在前一天晚上睡觉前，小文把第二天要做的事情在脑海里过了一遍。上班后，他召集部门员工们开会，讨论下月的部门工作计划。开完会议后，他抓紧写工作计划，因为在会议上集思广益，他很快完成，并上传给老板。然后，他给客户打电话约时间、地点，将客户约在朋友预订酒店旁边的咖啡馆。再给公交公司打电话，确定相关手续及要准备的材料。10：30离开公司，前往附近的医院看病。从医院出来直接到机场接朋友，在酒店和朋友共进午餐、聊天怀旧一番后，14：00到咖啡店和客户谈事。去公交公司补卡之后，还差一个小时才下班，小文又回到公司将其他事务集中处理完结。17：30下班后，小文买上鲜花和蛋糕回家，陪妻子过了一个浪漫的生日。

很明显，小文是一个擅长统筹安排的人，他根据工作的规律、性质以及工作之间的联系对自己一天要做的工作进行了排序，使工作做到秩序化、规范化、条理化，极大地提升了工作效率。这更形象地指出了，很多时候我们并不是被工作压垮了、弄乱了，而是自己的内心先乱了。

所以，我们要想做一个"忙中有序"的聪明人，在面对繁杂的工作任务时，就必须要学会进行科学排序。用科学的手段对自己的工作进行有效整理，并且制订出相应的优先等级，然后严格按照整理出来的计划去做事。这样不仅有利于我们合理分配时间、精力，而且还可以最大限度地避免"眉毛胡子一把抓"的杂乱情况。

努力工作的同时，别忘了劳逸结合

不知道什么时候，我们的生活变得沉重得让人喘不过气，从一大早睁开眼便会有一大堆的工作在等待着去处理；从周一开始日程表就已经被安排得满满的。急匆匆地赶去上班，急匆匆地赶回家做饭……一天一天，没完没了，甚至连发呆、叹息的时间都腾不出来。为什么我们的生活变得如此忙碌呢？

俗话说得好："一夜未眠，十日不安。"一次没有休息到位，虽然之后可以慢慢来弥补，但弥补的时间要远比之前休息的时间多出很多。如果不弥补，那么你的身心健康势必会受到影响，这也就是为什么当下许多人处于亚健康状态的原因。因为快节奏的生活而忽视了休息的重要性，让我们经常感到神经性偏头痛、神经衰弱、消化不良，体质下降等。

其实很多的压力是我们自己强加的，在这个时代，很多人都为追逐名利而身陷其中，在外界压力的刺激下，不得不加快自己的脚步，总怕慢一步就被别人丢在后面。有人着急赶路是为了欣

赏到最美的风景，但是，匆匆而过却并没有发现，最美的风景已经从忙碌中一晃而过了。放慢你的脚步，你才会欣赏到一路上的风景，也许这些风景之中就有最美的一幅。

这个社会容易让人不自觉地加快脚步去追逐名利，因为地位和金钱是人幸福生活的保障，但是，如果把这些东西看得太重，过分地追逐的话，只能把原本的幸福一起丧失。我们为了享受生活而加快脚步，为的是身体健康、家庭幸福，可是这些你不原本就拥有吗？

生活、工作让人到中年的王培不堪重负，身心都难以承受。一天，他在公园中遇到了一位老人，两个人聊了一会儿，老人说："我告诉你一个好办法吧，你牵着乌龟去散步，你的病就可以治好了。"

于是，半信半疑的王培照做了。在途中，尽管他走得很慢，乌龟尽管已经在尽力地爬，可每次总是只挪动一点点距离。于是，王培开始不停地催促它，吓唬它，责备它。乌龟也只是用抱歉的眼光看着他，仿佛说自己已经尽力了。王培恼怒了，就不停地拉它，扯它，甚至想踢它，乌龟也只是受着伤，喘着气，卖力地往前爬。

"真是太奇怪了，老人为什么要我牵一只乌龟去散步呢？"王培感到很是疑惑，于是，他开始仰望天空。"唉，反正乌龟也走不动，干脆我边看星星边走吧！"于是，王培任由乌龟慢慢往前爬，自己也放慢了脚步，与它一起悠然地往前走，这时候的心变得好安静……

　　咦？忽然闻到了花香，原来这边有个花园，王培感到微风吹来，原来此刻的风如此温柔……而我以前怎么都没有体会到呢？王培这时才想明白，原来老人是叫乌龟牵他散步的，而这慢慢地脚步让他体会到自我的存在……

　　牵着乌龟去散步，我们只能走得很慢，但是就在这慢慢地散步中，我们才能闻到花香，感受风的温柔，如果没有把脚步放慢，这些是无论如何也感觉不到的。我们的生活已经被物质、荣誉等压制住，在不停地向前奔跑的时候，连自己也迷失了。

　　不要一味地向前跑了，幸福其实就在你的身边，放下手中的工作，回家多陪陪老人，那一声"孩子"会让你无比轻松；放下肩上的负累，回家陪一陪孩子，那一声"爸（妈）"会让你心灵宁静；放下满满的日程，去与朋友聚聚，那一声"朋友"会让你获得新的灵感……

　　汪曾祺说："慢点走，欣赏你自己。"在人生的长路上，懂得漫步的人最懂得生活，因为他们等的并不是别人，而是自己的灵魂。放慢你的脚步，你才会发现原来阳光如此灿烂，生活如此美好，路边的风景是那样美丽。

　　我们工作，是为了生活，我们休息，也是为了更好的工作，所以不要觉得休息是浪费时间，总是用工作把生活填得满满当当。不管你是男人还是女人，都有着对家庭的责任，不要觉得不停地工作，为家里提供物质支持就是对家庭负责，你的伴侣，你

的孩子，你的父母都需要你的关心，这些是冷冰冰的钞票无法填补的。

其实生活很简单，说白了，就是该工作的时候工作，该生活的时候生活，不要把两者混为一谈。你在工作的时候，就不要想杂七杂八的事情，全身心投入到工作当中，尽可能将任务都在上班时间完成，这样，到了下班时间你才能够放下工作，去享受生活。

我们都知道做事要张弛有度，这样才能让生活更加惬意，工作更有效率。我们不可能把所有的时间都用在工作上，只有劳逸结合，才能达到高效工作、幸福生活的目的。

工作时全心工作，生活时舒心生活

工作和生活是对立还是统一的？对于这个问题，相信许多年轻人已经在快节奏的生活中学会将工作和生活融为一体了。看看我们身边，有太多人在下班的路上还在看文件，回到家还要打开电脑工作……

这样看起来，虽然我们的工作时间是每天8小时，但是8小时过后，很多人都不能准时结束工作。那些想要严格按照上下班时间上班和休息的人，反而会被周围的人用异样眼光看待，觉得这个人似乎太没有进取心了。

要么再在公司加班一个小时，要么就把工作带回家，似乎总有许多人不能将下班的时间当作是工作的终点……

像这个时代许多年轻人一样，刘波一直想积累起自己的财富。到三十岁时，刘波已挣到八十万，对自己的事业和前程充满信心。但是他也为此付出了巨大的代价：一年到头连轴转，常常是几个星期都没有休息的时间，更不用说拿出时间来陪妻子和孩子了。

久而久之，刘波的身体就出现了问题。每天工作太辛苦，忽视了健康，让他常常感到胸痛；并且因为工作忙碌，疏忽了对家庭的照顾，妻子对此总有太多抱怨。刘波的财富在不断增长，而他的婚姻和家庭处境却已是岌岌可危。

终于，他的妻子向他提出了离婚，决定离开他。听到这个消息，刘波承受不了打击，心脏病突发，倒在了办公室。

住进医院后，刘波突然意识到因为对财富的追求，已经让自己失去太多生活的乐趣。他远离了家庭，也忽视了自己的爱人。最后，他打电话给妻子，要求见一面。

在医院病床前，两人见面了，看到病倒的丈夫，妻子上前把他拥抱在怀里，两人顿时热泪盈眶。原来妻子依然爱他，只是不能容忍被忽略的生活。

很快，刘波就出院了，病情得到有效控制，又再次回归他的生活。他出院后，对自己的生活做出了很大调整，他把许多项目的决策权交给得力的下属，重新制定自己的工作

日程，把休息和陪伴家人的时间设置为必须完成，尽可能多地去陪伴自己的爱人和孩子。渐渐的，刘波的健康恢复了很多，家庭也恢复了最初的幸福。

刘波具有这个时代年轻人的显著特征，有着走南闯北的气魄，敢于去远方打拼自己的一份事业。不过，这些年轻人在不断接近成功的同时，也承担了太多的压力，放弃了很多原本值得珍惜的，比如健康的身体、幸福的家庭，然后把工作这件事无限度地延伸到自己的生活中，甚至占用了大部分的生活空间。

其实，我们非常需要一个"分界点"。在一天忙碌的工作结束之后，我们需要一段真空的时间。不管明天有多么重要的会议，多么重要的客户，这些都是明天的事，应该交给明天。今天的工作已经结束了。

回到家，就应该要享受生活了，即便回到家已经很晚了，没有太多的时间和另一半说贴心话，但交流的时间再短也是重要的。更何况，有些时候根本不需要语言，一个温暖的眼神，一杯温热的牛奶，就能治愈一天的疲惫。两个人相依相偎，看看书，看看电视，都可以惬意放松，驱散疲劳。工作中再多的烦心事此时也无所谓了。

我们在疲惫和无助的时候，首先想到的都是家。家，不仅仅是一所房子，是休息的场所，它更是我们心灵的港湾，在这里，我们可以补充能量，享受亲情的温暖，忘记尘世的复杂，摆脱世俗的压力，回归本真的自我。

家如此温暖，我们却总是说工作忙，所以没有时间回家吃饭，即便回家，似乎也当成一个任务一样，在家里住上一晚，然后早上又匆匆忙忙奔赴公司。为什么会这样？很简单，我们把工作带回家，家里成了我们的第二个办公地点，而且大部分人似乎都已经习惯了这个状态。也许，在当今这个时代来说，加班俨然已经成了一种风尚，几乎每个人都是这样做的，所以我们这样做并没有什么不妥。但是你有没有想过，因为把工作带回家，你损失了多少温情？错过了多少美好？努力工作总说是为了家，但是如果回家也在工作，那么家的意义何在呢？

如果你总是将工作带回家，感觉非常焦躁，即便是周末也无法平静。如果你有这样的状态，那么你必须给自己敲敲警钟了！你的工作和生活之间已经没有界限了。你需要做的，首先就是在下班的时候不要把工作带回家。

生活，不仅仅需要物质，还需要情感，我们一味地忙工作，把所有的时间都铺到工作上，夫妻之间的话越来越少，张口闭口都说工作，一两句抱怨就会引起家庭矛盾……难道这就是我们想要的生活吗？其实幸福没有那么多的附加条件，生活就是生活，家就是家，我们回家之后，就该谈谈柴米油盐酱醋茶的家常，就该说一说家里的琐事。这个空间，是不容工作插足的。所以，想要获得幸福，那么就从今天开始，拒绝将工作带回家吧。

李凡和赵丽两口子在同一家企业工作，他们是同事眼中的神仙眷侣，为什么这么说呢？两个人都是雷厉风行的人，工作都非常认真、努力。但是到了休息日的时候，他们两人就会在朋友圈发出各种出去游玩的照片。

这才应该是生活，不是吗？但是为什么他们能够应对好忙碌的工作和生活呢？

赵丽喜欢的休闲娱乐没有什么特别，和大多数女人一样，听听音乐，看看电视剧，或者跟朋友聊聊天。不过她一直遵循一个原则，就是什么都要适度，这样才不会玩物丧志。适度的休息可以让她一直保持良好的状态，但是工作还是比较重要的，所以如果不是休息日，她是不会外出游玩的。在她工作繁忙的时候，就算是她最喜欢的电视剧大结局，她也会放到一边。

而李凡呢？他和赵丽不太一样，他有时也会把工作带回家，因为他觉得在精力充沛，情绪好的时候工作效率最高，所以在头脑清楚的时候，可以适当加加班，但只要他感到头脑发昏，工作效率下降，那么他就会毫不犹豫地停止工作，然后适当调整，偶尔也会通过帮赵丽做做家务来放松一下。

他们两口子就是这样完美地协调好了工作和生活。

我们必须要明白：想要拥有高质量的生活，我们就应该学会将休息和工作分开，这两者是不能混在一起的，如果没有一个明显的界限，那么在工作的时候你可能惦记着家里的琐事，无法专心投入；回到家又不得不加班工作，没有一个好的工作状态反而会迁怒家人……这样的一个恶性循环，源头仅仅是因为缺少了一个分界线。

我们之所以觉得越来越累，很大一部分原因在于我们忘记了家的含义。所谓的家，应该是我们累了休息的地方，可以说是一块净土，而你偏偏要把工作也带回家，那么唯一一片可以让你放松的净土也消失了。身体在家，头脑还在办公室里，这样下班和没下班又有什么分别呢？

所谓的家庭生活，最关键的因素不是物质，而是一种感觉。所以别让忙碌的工作破坏了这种美好的感觉，工作结束之后，那就回归家庭，不要仅仅带着身体回去，要将心也带回家，这样你才能在忙碌中感受闲暇时光，感受生活的乐趣。

所以，我们一定要学会把工作和生活分开，如果你真正做到了，你的生活只会过得更轻松，更悠然自得。

工作固然重要，享受生活同样重要，你不用纠结人生的重心究竟是放在工作上还是放在生活上，只要记住该做什么的时候做什么就够了。而你所要扮演的角色，就是在工作的时候做一个努力的职员；下班之后，就做一个真实的自己。这，才是最圆满的人生！